일본어 독해력 완성 프로그램
다락원 일한 대역문고
초급 9

일본 신화

日本の神話

— 岡智之 著

다락원

일본 신화를 쓰며

신화란 그 나라와 민족의 기원에 대해 전해 내려오는 이야기로,
어느 나라 어느 민족이나 지니고 있습니다.
일본도 탄생 신화가 있습니다. 일본 신화는 8세기 초까지 구전되어 오던
이야기를 3권의 책으로 정리한, 일본의 가장 오래된 역사서인 『고사기(古事記)』를
비롯하여 일본 최초의 칙선(勅選) 역사서인 『일본서기(日本書紀)』 등에
여러 이야기가 실려 있습니다.
이는 당시의 야마토(大和) 정권이 자신들의 계보를 신으로부터 온 것으로
정당화시키기 위한 의도로 만든 요소가 강하다고 합니다.
또한 일본 신화는 태평양전쟁 당시, 전 국민을 군국주의에 동원하기 위한 교육 수단
으로 쓰여, 패전 후에는 학교 교육에서 제외되는 현실에 처해 있는 것도 사실입니다.
그러나 일본 신화의 정치적인 면을 배제하고 이야기 자체에 중점을 두고 보면,
세계 다른 나라의 신화와 같이 독창적이고 재미있는 옛날이야기라는 것을
발견할 수 있을 것입니다.
일본어를 공부하는 여러분이 일본 신화를 읽음으로써 일본어 학습과 함께
일본 문화나 일본인의 사고 방식을 이해하는 데 도움이 되기를 바랍니다.

오카 토모유키

머리말

기초가 약한 학습자들이 일본어 명문들을 즐겁고 효과적으로 읽으며 중급 수준으로 독해력을 발전시키는 것을 목표로 만들었습니다.

어느 정도 일본어의 구조를 익히고 난 초보 학습자가 가장 절실히 느끼는 어려움은 아마도 자연스런 일본어 표현능력과 어휘력의 부족일 것입니다. 초급에서 단문(短文)의 기본문형 연습만 하다가 갑자기 복문(複文), 중급 문형, 관용구 등이 속출하는 중급 교재로 건너뛰면서 학습에 흥미를 잃고 마는 것이 지금까지 일반 학습자들이 밟아온 전철이었기 때문입니다.

그런 점에서 현행 일본 초등학교 국어 교과서에 실린 명문을 비롯한 옛날이야기, 만담, 신화 등 다양한 장르의 이야기들로 구성된『다락원 일한 대역문고』시리즈는 쉽고 재미있게, 정확하고 자연스러운 일본어 문장을 익히는 데 좋은 길잡이가 되어 줄 것입니다.

『다락원 일한 대역문고』시리즈는 사전 없이 편리하게 학습할 수 있도록, 어휘 풀이는 물론 주요 문형에 대한 자세한 해설과 예문을 함께 실었습니다. 본문의 대역은 어휘의 정확한 뜻 전달을 위해 의역(意譯)보다는 직역(直譯)에 가깝도록 했고, 원어민의 정확한 발음으로 녹음된 오디오로 듣기 능력 향상까지 함께 기대할 수 있습니다.『다락원 일한 대역문고』시리즈로 일본어를 읽고 듣는 재미를 느껴보시기 바랍니다.

여러분의 일본어 학습에 도움이 되기를 바랍니다.

다락원 일한 대역문고 연구회

『다락원 일한 대역문고』 이렇게 보세요

어휘 설명

자세한 해설과 함께, 히라가나로 실린 단어 중 한자를 알아두면 좋은 어휘에는 한자 표기를 병기했습니다.
어휘 해설에 대한 빠른 이해를 돕기 위해 사진 자료를 실었습니다.

문형 해설

주요 문형의 뜻풀이와 접속을 예문과 함께 알기 쉽게 정리했습니다.

보충 해설

자세한 설명으로 내용 이해를 도와줍니다.

일러두기

일본어의 한국어 표기는 다음과 같습니다.
장음은 단음으로 표기했습니다. 예 大阪 — 오사카
발음 표기는 로마자 표기의 발음에 따랐습니다. 예 つかう (tsukau) — 츠카우
촉음은 'ㅅ'으로 표기했습니다.

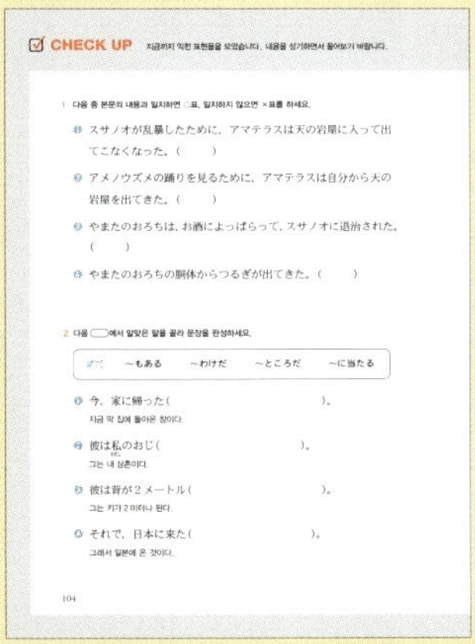

CHECK UP 지금까지 익힌 표현들을 모았습니다. 내용을 상기하면서 풀어보기 바랍니다.

1 다음 중 본문의 내용과 일치하면 ○표, 일치하지 않으면 ×표를 하세요.

① スサノオが乱暴したために、アマテラスは天の岩屋に入って出てこなくなった。(　　)

② アメノウズメの踊りを見るために、アマテラスは自分から天の岩屋を出てきた。(　　)

③ やまたのおろちは、お酒によっぱらって、スサノオに退治された。(　　)

④ やまたのおろちの胴体からつるぎが出てきた。(　　)

2 다음 □에서 알맞은 말을 골라 문장을 완성하세요.

～もある	～わけだ	～ところだ	～に当たる

① 今、家に帰った(　　　　　　)。
지금 막 집에 돌아온 참이다.

② 彼は私のおじ(　　　　　　)。
그는 내 삼촌이다.

③ 彼は背が2メートル(　　　　　　)。
그는 키가 2 미터나 된다.

④ それで、日本に来た(　　　　　　)。
그래서 일본에 온 것이다.

104

CHECK UP

내용 이해와 더불어 중요 문형에 대한 학습이 깊어집니다.

오디오 CD

원어민 성우의 정확한 내레이션으로 듣는 즐거움도 쌓으세요.

문형 접속 해설에 쓰인 활용형의 설명은 다음과 같습니다.

ます형(연용형) — ます가 붙기 이전의 형태

ない형 — ない가 붙기 이전의 형태

て형・た형 — 각각 て・た가 붙은 형태

な형용사な・명사の — な형용사의 어간에 な가 붙은 형태, 명사에 の가 붙은 형태

동사・い형용사・な형용사의 기본형 — 동사・い형용사는 사전에 실려 있는 형태, な형용사는 어간에 だ가 붙은 형태

보통형 — 기본형, 부정형, 과거형, 과거부정형

목차

일본 신화

日本の神話

一、世界の始まりと神々の誕生

世界の一番初めのころ、まだ天と地の区別さえないころのことです。やがて、天と地が分かれ、高天原*という天の国に、初めてアメノミナカヌシという神が生まれます。この神は天の中心になる[1]神です。

- 世界(せかい) 세계, 세상
- 始(はじ)まり 시작 ↔ 終(お)わり 끝
- 神々(かみがみ) 신들
- 誕生(たんじょう) 탄생 〈誕生日(たんじょうび) 생일〉
- 一番(いちばん) 가장, 제일
- 初(はじ)め 처음, 시작
- ～ころ(頃) ~때, ~경
- まだ 아직
- 天(てん) 하늘 ↔ 地(ち) 땅
- 区別(くべつ) 구별
- ～さえ (명사에 붙어) ~조차, ~마저
- やがて 곧, 이윽고, 머지않아
- 分(わ)かれる 나뉘다, 분리되다, 갈라지다
- ～という ~(이)라고 하는
- 国(くに) 국가, 나라
- 初(はじ)めて 처음으로
- 生(う)まれる 태어나다
- 中心(ちゅうしん) 중심

1. 세상의 시작과 신들의 탄생

세상의 제일 처음, 아직 하늘과 땅의 구별조차 없을 때의 일입니다. 드디어 하늘과 땅이 나누어지고 타카마가하라라는 하늘나라에 처음으로 아메노미나카누시라는 신이 태어납니다. 이 신은 하늘의 중심이 되는 신입니다.

1 〜になる ~이(가) 되다 [な형용사 어간, 명사+になる]
상태의 변화를 나타내는 표현으로, 앞에 い형용사가 올 때에는 'い형용사 어간+くなる'의 형태가 되며 '~어지다'로 해석된다.

来年(らいねん)から大学生(だいがくせい)になります。 내년부터 대학생이 됩니다.
ますます物価(ぶっか)が高(たか)くなります。 점점 물가가 비싸집니다.

★ 高天原
일본 신화에 나오는 천상계로, 고대 大和(やまと) 정권이 있던 지역으로, 현재의 奈良(なら) 현에 해당한다. たかまのはら라고도 한다.

このころ、大地(だいち)はまだやわらかく、まるで水(みず)の上(うえ)に油(あぶら)が浮(う)いているようでした[2]。そこから、沼(ぬま)の岸辺(きしべ)に生(は)えたあしの芽(め)が、春(はる)になって、いっせいにのびていく[3]ように、次々(つぎつぎ)に神々が生まれ、七代目(ななだいめ)にイザナギという男(おとこ)の神(かみ)と、イザナミという女(おんな)の神が生まれました。

- 大地(だいち) 대지
- やわらかい 부드럽다
- 水(みず) 물
- 油(あぶら) 기름
- 浮(う)く 뜨다
- 沼(ぬま) 늪
- 岸辺(きしべ) 물가
- 生(は)える 나다, 자라다, 생기다
- あし 갈대
- 芽(め) 싹
- 春(はる) 봄 〈夏(なつ) 여름 | 秋(あき) 가을 | 冬(ふゆ) 겨울〉
- いっせいに 일제히
- のびる(伸びる) 자라다
- 次々(つぎつぎ)に 잇따라, 계속해서, 연이어
- ~代目(だいめ) ~대째

이 때, 땅은 아직 부드럽고 마치 물 위에 기름이 떠 있는 듯했습니다. 그곳에서 늪가에 난 갈대 싹이 봄이 되어 일제히 자라나는 것처럼 잇따라 신들이 태어나고 7대째에 이자나기라는 남신과 이자나미라는 여신이 태어났습니다.

2 **まるで～ようだ 마치 ~같다, 마치 ~(인) 듯하다**
[まるで+동사 · い형용사 보통형, 명사の+ようだ]
비유 · 예시를 나타낸다.

彼女(かのじょ)と会(あ)えてまるで夢(ゆめ)のようだ。
그녀와 만날 수 있어서 마치 꿈만 같다.

3 **～ていく ~해 가다** [동사 て형+いく]
어떤 동작이나 상황이 계속하여 진행되는 것을 나타내는 표현으로, いく는 '가다'라는 뜻의 行く이지만, 보조동사로 쓸 때에는 히라가나로 표기한다.

子(こ)どもたちが大(おお)きくなっていく。 아이들이 커 가다.

そこで、高天原(たかまがはら)にいる一番(いちばん)えらい神である、アメノミナカヌシが、この二人(ふたり)に命令(めいれい)して、

「この油(あぶら)のようにただよう地(ち)を、しっかりと確(たし)かな物(もの)にしなさい。」

と美(うつく)しいかざりの付(つ)いた矛(ほこ)をくれました。

命令を受(う)けたイザナギ、イザナミの二人の神は、高天原と地上(ちじょう)をつなぐ橋(はし)の上(うえ)に立(た)って、油のようにただよっている海(うみ)の中(なか)に、その矛をつっこんで、ぐるぐるかきまぜました。

- □ そこで 그래서, 그런 까닭으로
- □ えらい(偉い) 위대하다, 훌륭하다
- □ ～である ~(이)다 〈～だ의 문어 표현〉
- □ 命令(めいれい)する 명령하다
- □ ただよう(漂う) 떠돌다, 떠다니다, 표류하다
- □ しっかりと 단단하게, 빈틈없이, 제대로
- □ 確(たし)かだ 견고하다, 확실하다, 안전하다
- □ 物(もの) 것, 물건 〈어떤 형태를 띤 사물을 대신함〉
- □ ～なさい ~하세요, ~해라 〈동사 ます형에 붙어, 친한 사이나 아랫사람에게 가볍게 부탁하거나 명령할 때 씀〉
- □ 美(うつく)しい 아름답다
- □ かざり(飾り) 장식
- □ 付(つ)く 붙다, 달리다, 달라붙다, 묻다
- □ 矛(ほこ) 창
- □ 命令(めいれい)を受(う)ける 명령을 받다
- □ 地上(ちじょう) 지상
- □ つなぐ 연결하다, 잇다
- □ 橋(はし) 다리
- □ 立(た)つ 서다
- □ 海(うみ) 바다
- □ つっこむ 찔러 넣다
- □ ぐるぐる 빙빙, 빙글빙글
- □ かきまぜる 휘저어 뒤섞다

그래서 타카마가하라에 있는 제일 위대한 신인 아메노미나카누시가 이 두 신에게 명령하기를,

"이 기름과 같이 떠다니는 땅을 확실하게 견고한 것으로 만들거라."
라며 아름다운 장식이 달린 창을 주었습니다.

명령을 받은 이자나기, 이자나미 두 신은 타카마가하라와 지상을 잇는 다리 위에 서서 기름처럼 떠다니고 있는 바다 속에 그 창을 찔러 넣고 빙빙 휘저어 섞었습니다.

そして、その矛(ほこ)を海から引(ひ)き上(あ)げると[4]、その先(さき)からこい海(うみ)の水がしたたり落(お)ちて、それが積(つ)もって島(しま)になりました。二人の神は喜(よろこ)んで、その島へと降(お)りてゆき、ほどよい所(ところ)に太(ふと)くて高(たか)い柱(はしら)を建(た)てて、その周(まわ)りに大(おお)きなご殿(てん)を建てました。

- そして 그리고, 그리고 나서, 그 다음에
- 引(ひ)き上(あ)げる 들어올리다
- 先(さき) 앞부분, 가장자리
- こい(濃い) 진하다
- 海(うみ)の水(みず) 바닷물
- したたり落(お)ちる 방울져 떨어지다
- 積(つ)もる 쌓이다
- 島(しま) 섬
- 喜(よろこ)ぶ 기뻐하다, 좋아하다, 즐거워하다
- 降(お)りる 내리다
- ほどよい 알맞다, 적당하다, 딱 좋다
- 所(ところ) 곳, 장소
- 太(ふと)い 굵다
- 柱(はしら) 기둥
- 建(た)てる 세우다, 건설하다
- 周(まわ)り 주위, 주변
- 大(おお)きな 커다란, 큰 ↔ 小(ちい)さな 작은
- ご殿(てん) 저택, 궁전 〈ごは 존경어〉

그리고 그 창을 바다에서 들어올리자 그 끝에서 진한 바닷물이 방울져 떨어지고 그것이 쌓여 섬이 되었습니다. 두 신은 기뻐하며 그 섬으로 내려가 알맞은 곳에 굵직하고 높은 기둥을 세우고, 그 주위에 커다란 궁전을 지었습니다.

---

4 〜と ~하자, ~했더니

[동사·い형용사·な형용사 기본형, 명사だ+と]

두 가지 동작이나 작용이 동시에 일어나는 것을 나타낸다.

家(いえ)を出(で)ると雨(あめ)が降(ふ)ってきた。
집을 나오자 비가 내렸다.

イザナギとイザナミの二人の神は、結婚(けっこん)の儀式(ぎしき)をすることになり[5]、柱(はしら)の所(ところ)へ行(い)きました。そして、イザナギは柱を左(ひだり)から回(まわ)り、イザナミは右(みぎ)から回って、顔(かお)を合(あ)わせた時(とき)に、まず女のイザナミが、

「まあ、なんてすばらしい方(かた)！」

とさけびました。続(つづ)いてイザナギが、

「やあ、なんてきれいな娘(むすめ)なんだ！」

とさけび、神殿(しんでん)の奥(おく)に入(はい)りました。

- 結婚(けっこん) 결혼
- 儀式(ぎしき) 의식
- 左(ひだり) 왼쪽 ↔ 右(みぎ) 오른쪽
- ～から ~로부터, ~에서 〈시작 지점을 나타냄〉
- 回(まわ)る 돌다, 돌아서 가다
- 顔(かお)を合(あ)わせる 얼굴을 마주보다
- まず 우선, 먼저
- まあ 어머(나), 정말 〈놀라거나 감탄했을 때 쓰는 말로 주로 여자가 씀〉
- なんて 참으로, 정말
- すばらしい 멋지다, 훌륭하다
- 方(かた) 분 〈상대방을 높여 부를 때 씀〉
- さけぶ(叫ぶ) 외치다, 소리치다
- 続(つづ)いて 계속해서, 이어서
- やあ 야~, 우와 〈놀라거나 감탄했을 때 쓰는 말로 주로 남자가 씀〉
- 娘(むすめ) 아가씨, 딸
- ～んだ ~인 것이다 〈～のだ의 회화체〉
- 神殿(しんでん) 신전
- 奥(おく) 구석, 속, 안
- 入(はい)る 들어가다, 들어오다 ↔ 出(で)る 나가다, 나오다

이자나기와 이자나미 두 신은 결혼 의식을 행하게 되어 기둥이 있는 곳으로 갔습니다. 그리고 이자나기는 기둥을 왼쪽으로 돌고 이자나미는 오른쪽으로 돌아 서로 얼굴을 마주보았을 때 먼저 여자인 이자나미가,

"어머, 참으로 멋진 분이시네!"

라고 외쳤습니다. 뒤이어 이자나기가,

"오, 참으로 아름다운 처녀로구나!"

라고 외치며 신전 안으로 들어갔습니다.

---

5 ～ことになる ～(하)게 되다

[동사 기본형+ことになる]

어떤 일이 자신의 의지와 상관없이 그렇게 하도록 되어 있는 상황임을 나타낸다.

今回(こんかい)海外出張(かいがいしゅっちょう)に行(い)くことになりました。

이번에 해외 출장을 가게 되었습니다.

その結果(けっか)生(う)まれたのは、骨(ほね)のないヒルのような子(こ)どもでした。二人(ふたり)は残念(ざんねん)がり[*]、その子をあしであんだ船(ふね)に乗(の)せて流(なが)してしまいました[6]。それで、二人は、高天原(たかまがはら)に登(のぼ)り、神々に相談(そうだん)しました。

「女(おんな)が先(さき)に声(こえ)をかけたのがよくなかったのだ。もう一度(いちど)やり直(なお)しなさい。」

と神々は言(い)いました。

- その結果(けっか) 그 결과
- 骨(ほね) 뼈
- ヒル 거머리
- 残念(ざんねん)がる 유감스러워하다, 안타깝게 여기다
- あむ(編む) 짜다, 엮다
- 船(ふね) 배
- 乗(の)せる 싣다, 태우다
- 流(なが)す 띄워 보내다, 떠내려 보내다, 흘리다, 씻어내다
- 登(のぼ)る 오르다, 올라가다
- 相談(そうだん)する 상담하다, 의논하다
- 先(さき)に 먼저
- 声(こえ)をかける 말을 걸다
- やり直(なお)す 다시 하다 〈直す는 동사 ます형에 붙어 '다시 ~하다'라는 뜻을 만듦〉

그 결과 태어난 것은 뼈가 없는 거머리와 같은 아기였습니다. 두 신은 아쉬워하며 그 아기를 갈대로 엮은 배에 태워서 떠내려 버렸습니다. 그리고 두 신은 타카마가하라에 올라 신들에게 의논했습니다.

"여자가 먼저 말을 걸었던 것이 좋지 않았던 것이다. 다시 한 번 하거라!" 라고 신들이 말했습니다.

---

6 ～てしまう ~해 버리다 [동사 て형+しまう]

어떤 행동이나 동작의 완료, 또 자신의 의지와는 상관없는 결과에 대한 유감 · 후회의 감정을 나타낸다.

家(いえ)のかぎをなくしてしまいました。집 열쇠를 잃어버렸습니다.

＊ ～がる

い형용사 · な형용사 · ～たい의 어간에 붙어 '~해 하다, ~하게 여기다'란 뜻을 만든다.

はずかしがる 창피스러워하다　　おもしろがる 재미있어하다
さびしがる 외로워하다　　不思議(ふしぎ)がる 이상하게 여기다

　二人は、もう一度柱(はしら)を回り、今度(こんど)は男(おとこ)のイザナギの方(ほう)から声(こえ)をかけました。そうすると、今度は、八(やっ)つのりっぱな島が次々(つぎつぎ)と生(う)まれました。初(はじ)めが、淡路島(あわじしま)、それから、四国(しこく)、隠岐(おき)の島(しま)、九州(きゅうしゅう)、壱岐(いき)の島、対馬(つしま)、佐渡(さど)が島(しま)、そして最後(さいご)に、本州(ほんしゅう)が生まれました。その後(あと)でさらに六(むっ)つの島を生(う)み、今度はたくさんの神を生みました。家(いえ)の神や川(かわ)の神、海(うみ)の神、農業(のうぎょう)の神、風(かぜ)の神、野(の)の神、山(やま)の神、船(ふね)の神や食(たべ)物(もの)の神などです。そして、一番最後に火(ひ)の神を生んだ時、イザナミは、大(おお)やけどをして、とうとうなくなってしまいました。

- 今度(こんど) 이번, 다음번
- ～方(ほう) ～쪽, ～방향, ～방위
- そうすると 그러자, 그랬더니
- りっぱだ 훌륭하다, 멋지다
- 次々(つぎつぎ)と 잇달아, 계속해서
- それから 그리고, 그러고 나서
- 最後(さいご)に 마지막으로, 끝으로
- その後(あと)で 그 다음에, 그 후에
- さらに 게다가, 더욱 더, 거듭
- 生(う)む 낳다
- たくさんの～ 많은～ 〈뒤에 명사가 옴〉
- ～や ～랑, ～며 〈열거할 때 씀〉
- 川(かわ) 강, 하천
- 農業(のうぎょう) 농업
- 野(の) 들, 들판
- 船(ふね) 배, 선박
- 食物(たべもの) 음식, 요리
- ～など ～등
- 火(ひ) 불
- 大(おお)やけどをする 큰 화상을 입다
- とうとう 드디어, 끝내
- なくなる 죽다

두 신은 다시 한 번 기둥을 돌아 이번에는 남자인 이자나기 쪽부터 말을 걸었습니다. 그랬더니 이번에는 여덟 개의 훌륭한 섬이 잇따라 태어났습니다. 처음으로 아와지시마 그리고 시코쿠, 오키노시마, 큐슈, 이키노시마, 츠시마, 사도가시마, 그리고 마지막으로 혼슈가 태어났습니다. 그 뒤에 거듭 여섯 개의 섬을 낳고 이번에는 많은 신들을 낳았습니다. 집의 신과 강의 신, 바다의 신, 농업의 신, 바람의 신, 들의 신, 산의 신, 배의 신과 음식의 신 등입니다. 그리고 가장 마지막으로 불의 신을 낳았을 때 이자나미는 큰 화상을 입고 끝내 죽고 말았습니다.

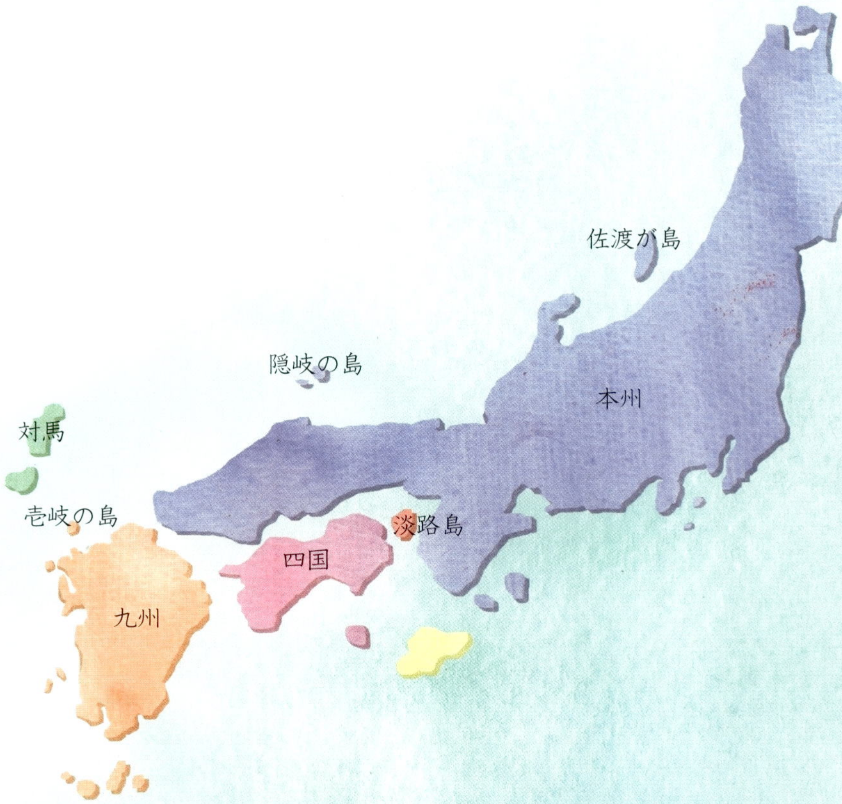

二(に)、よみの国(くに)

イザナギは、たいへんなげき悲(かな)しんで、火の神を殺(ころ)してしまいました。イザナギは、妻(つま)のイザナミに会(あ)いたい気持(きも)ちをおさえることができませんでした[7]。それで、とうとう死者(ししゃ)の住(す)むよみの国へイザナミに会いにいくことにしました[8]。

- よみの国(くに) 황천
- たいへん 대단히, 매우
- なげき悲(かな)しむ 비탄에 빠져 슬퍼하다 〈なげく 슬퍼하다, 한탄하다〉
- 殺(ころ)す 죽이다
- 妻(つま) 처, 아내
- 会(あ)う 만나다 〈조사 に를 씀〉
- ～たい (동사 ます형에 붙어) ~(하)고 싶다
- 気持(きも)ち 기분, 마음
- おさえる(抑える) 억누르다
- 死者(ししゃ) 죽은 자
- 住(す)む 살다
- ～にいく (동사 ます형에 붙어) ~(하)러 가다 〈～にくる ~(하)러 오다〉

2. 황천

이자나기는 너무나도 큰 비탄과 슬픔에 빠져 불의 신을 죽여 버렸습니다. 이자나기는 아내인 이자나미를 만나고 싶은 마음을 억누를 수가 없었습니다. 그래서 결국 죽은 사람들이 사는 황천으로 이자나미를 만나러 가기로 했습니다.

7 **～ことができる ～(할) 수가 있다** [동사 기본형+ことができる]
능력이나 가능성을 나타내는 표현으로, 동사 가능형과 쓰임이 같지만 격식을 갖추어야 되는 자리에서는 ～ことができる를 쓰는 것이 좋다. 부정표현은 '～ことができない(~할 수가 없다, ~하는 것이 불가능하다)'이다.

彼女(かのじょ)は日本料理(にほんりょうり)を作(つく)ることができます。
그녀는 일본요리를 만들 수 있습니다.

台風(たいふう)でどこにも出(で)かけることができません。
태풍 때문에 어디에도 나갈 수 없습니다.

8 **～ことにする ～(하)기로 하다** [동사 기본형+ことにする]
자신의 의지로 어떤 일을 예정·계획 등에 따라 하기로 결정할 때 쓴다.

あしたからは朝(あさ)ごはんを食(た)べることにしました。
내일부터는 아침밥을 먹기로 했습니다.

イザナギは暗(くら)く長(なが)い道(みち)を下(くだ)ってついによみの国の神殿(しんでん)のとびらの前(まえ)まで来(き)ました。イザナギはとびらをたたいて、イザナミに向(む)かって呼(よ)びかけました。

「いとしい私(わたし)の妻(つま)よ。どうかもう一度戻(もど)ってきてくれ。」

すると、その向(む)こうでイザナミがこう言いました。

- 暗(くら)い 어둡다
- 長(なが)い 길다
- 道(みち)を下(くだ)る 길을 내려가다
- ついに 마침내, 드디어, 결국
- とびら(扉) 문
- たたく 두드리다
- ～に向(む)かって ~을 향하여
- 呼(よ)びかける 호소하다, 말을 걸다
- いとしい 사랑스럽다, 귀엽다, 그립다
- ～よ ~(이)여, ~야 〈부름을 나타냄〉
- どうか 부디, 제발, 아무쪼록
- 戻(もど)る 되돌아오다, 되돌아가다
- ～てくれ ~해 줘, ~어 줘 〈말하는 사람이나 말하는 사람과 가까운 인물을 위해 남이 어떤 일을 하도록 강하게 명령할 때 씀〉
- すると 그러자, 그랬더니
- 向(む)こう 건너편, 맞은편

이자나기는 어둡고 긴 길을 내려가 드디어 황천의 신전 대문 앞까지 왔습니다. 이자나기는 대문을 두드리며 이자나미를 향해 외쳤습니다.

"사랑하는 나의 아내여! 제발 다시 한번 돌아와 주오!"

그러자 그 대문 건너편에서 이자나미가 이렇게 말했습니다.

「どうしてもっと早(はや)く来てくれなかったのですか。私は、もうこのよみの国の料理(りょうり)を食(た)べてしまいました。ですからもう、生(い)きた人(ひと)の住む国(くに)に戻(もど)ることはできないのです。けれども、あなたがせっかくここまでお迎(むか)えにきてくださった[9]のですから、なんとか私も帰(かえ)りたいと思(おも)うのです。ですから、この国の神々と相談して、お許(ゆる)しを願(ねが)ってみます。ただ、その間(あいだ)、くれぐれも中(なか)に入(はい)って私の姿(すがた)を見(み)ないように[10]お願いします[11]。」

- どうして　왜, 어째서
- もっと早く　더 빨리, 더 일찍
- もう　이미, 벌써
- 料理(りょうり)　요리, 음식
- 生(い)きた人(ひと)　살아 있는 사람 〈生きる 살다, 목숨이 있다, 생존하다〉
- けれども　그렇지만, 그러나 〈けれど · けど라고 줄여서도 말함〉
- あなた　당신 〈옛날에는 대등한 관계 또는 손윗사람에게 썼으나 현재는 특히 아내가 남편을 부를 때 씀〉
- せっかく　모처럼, 일부러
- 迎(むか)えにくる　데리러 오다, 마중 오다
- なんとか　어떻게든
- 帰(かえ)る　돌아가다, 돌아오다
- ～たいと思(おも)う　~(하)고 싶다고 생각하다
- お許(ゆる)し　용서, 허락 〈お는 존경어〉
- 願(ねが)う　원하다, 바라다, 청원하다
- ～てみる　~해 보다 〈동사 て형에 붙어 시도를 나타냄〉
- ただ　단지, 다만
- その間(あいだ)　그사이, 그간
- くれぐれも　아무쪼록, 부디, 제발
- 姿(すがた)　모습

“왜 좀 더 빨리 와 주시지 않았나요? 저는 벌써 이 황천의 요리를 먹어 버렸어요. 그래서 이제 살아 있는 사람들이 사는 나라로 되돌아갈 수 없어요. 그러나 당신이 일부러 여기까지 맞이하러 와 주셨으니까 어떻게든 저도 돌아가고 싶습니다. 그래서, 이 나라의 신들과 상의해서 허락해 달라고 부탁해 보겠어요. 다만 그사이 제발 안으로 들어와서 제 모습을 보지 않도록 부탁드려요.”

9 お〜てくださる ~해 주시다 [お+동사 て형+くださる]
상대방에 대한 존경을 나타낼 때 쓴다.

いろいろお世話(せわ)してくださってありがとうございます。
여러 가지로 도와주셔서 감사합니다.

10 〜ように ~(하)도록 [동사 기본형 · 부정형+ように]
상대방에게 당부 · 충고 · 권고를 할 때, 또는 말하는 이와 상대방의 소원 · 희망 · 목적 등을 말할 때에도 쓴다.

この箱(はこ)には触(さわ)らないようにしてください。
이 상자에는 손대지 않도록 해 주세요.

試験(しけん)に受(う)かるようにがんばっています。
시험에 합격하도록 열심히 노력하고 있습니다.

11 お〜する ~(하)다, ~(해) 드리다 [お+동사 ます형+する]
겸양표현으로, 한자어가 올 경우에는 ‘ご+한자어+する’ 형태를 쓴다.

その他(た)のページへのリンクはお断(ことわ)りします。
그 외 다른 페이지로의 링크는 거절하겠습니다.

商品(しょうひん)をすぐご発送(はっそう)します。 상품을 바로 발송해 드리겠습니다.

そうして、イザナミはそのまま奥(おく)に入っていきました。イザナギは、しばらく*とびらの前でおとなしく待(ま)っていましたが、とうとう待(ま)ちきれなくなって、イザナミの言ったことを忘(わす)れて、戸(と)を開(あ)けて中に入ってみました。

中は真(ま)っ暗(くら)で何(なに)も見(み)えません。イザナギは髪(かみ)にさしたくしを外(はず)して、その歯(は)の一本(いっぽん)*を折(お)って、火をともし、神殿の奥に入っていきました。

- そうして 그리고, 그리고 나서 =そして
- そのまま 그대로
- おとなしい 어른스럽다, 얌전하다, 고분고분하다
- 待(ま)つ 기다리다
- 待(ま)ちきれる 끝까지 기다리다 〈きれる는 동사 ます형에 붙어 '완전히 ~하다, 끝까지 ~하다'란 뜻을 만듦〉
- 忘(わす)れる 잊다
- 戸(と) 문 =ドア(door)
- 開(あ)ける 열다 ↔ 閉(し)める 닫다
- 真(ま)っ暗(くら)だ 아주 깜깜하다
- 何(なに)も 아무것도
- 髪(かみ) 머리(카락)
- さす 꽂다
- くし 빗
- 外(はず)す 빼다, 떼다
- 歯(は) 이, 치아
- 折(お)る 부러뜨리다, 꺾다, 접다
- 火(ひ)をともす 불을 붙이다, 불을 켜다

그리고 이자나미는 그대로 안쪽으로 들어갔습니다. 이자나기는 한참을 문 앞에서 가만히 기다리고 있었습니다만, 결국 끝까지 기다릴 수 없어 이자나미가 한 말을 잊고 문을 열고 안으로 들어가 보았습니다.

안은 너무나도 캄캄해서 아무것도 보이지 않습니다. 이자나기는 머리에 꽂은 빗을 빼어 그 빗살을 한 개 부러뜨려서 불을 붙이고 신전 안으로 들어갔습니다.

＊ しばらく

'잠시, 잠깐'과 '당분간, 한동안, 오래도록'이란 여러 뜻으로 쓰이므로, 대화의 흐름과 문맥에 따라 파악하도록 한다.

しばらくして彼女(かのじょ)が現(あらわ)れた。 잠시 후 그녀가 나타났다.
しばらくは行(い)かないつもりです。 당분간은 가지 않을 생각입니다.

＊ ～本(ほん) ～개, ～편, ～그루, ～자루(가늘고 긴 것을 세는 조수사)

いっぽん 한 개	にほん 두 개	さんぼん 세 개
よんほん 네 개	ごほん 다섯 개	ろっぽん 여섯 개
ななほん 일곱 개	はっぽん 여덟 개	きゅうほん 아홉 개
じゅっぽん 열 개	なんぼん 몇 개	

そしてやっとのことで、イザナミのいる所(ところ)に来たのですが、なんと青白(あおじろ)い光(ひかり)の中で見た妻の姿は、おそろしく変(か)わり果(は)てて*いました。それは死(し)んでくさった体(からだ)で、うじ虫(むし)が取(と)り巻(ま)き、その頭(あたま)や、胸(むね)、腹(はら)、手(て)、足(あし)などに、八人(はちにん)のみにくい雷(いかずち)の神が生まれて、こわい顔(かお)をして座(すわ)っているのです。

- やっとのことで 겨우, 가까스로
- なんと 이 얼마나, 어쩌면 그렇게 〈강한 놀람이나 감동 등을 나타냄〉
- 青白(あおじろ)い 푸르스름하다
- 光(ひかり) 빛
- おそろしい(恐しい) 두렵다, 무섭다
- 変(か)わり果(は)てる 완전히 변하다
- 死(し)ぬ 죽다
- くさる(腐る) 썩다
- 体(からだ) 몸
- うじ虫(むし) 구더기
- 取(と)り巻(ま)く 둘러싸다, 에워싸다
- 頭(あたま) 머리
- 胸(むね) 가슴
- 腹(はら) 배
- みにくい 추하다, 보기 흉하다
- 雷(いかずち) 우레, 천둥 =かみなり
- こわい(怖い) 무섭다
- ～顔(かお)をする ～얼굴을 하다
- 座(すわ)る 앉다

그리고 가까스로 이자나미가 있는 곳에 왔습니다만, 푸르스름한 빛 속에서 본 아내의 모습은 참으로 무섭게 완전히 변해 있었습니다. 그것은 죽어서 썩은 몸으로, 구더기가 들끓고 그 머리와 가슴, 배, 손, 발 등에 여덟 명의 흉칙한 천둥신이 태어나서 무서운 얼굴을 하고 앉아 있는 것입니다.

*** ~果てる**

동사 ます형에 붙어 '완전히 ~하다, 한계까지 ~하다'라는 뜻을 만든다.

疲(つか)れ果(は)てる 몹시 지치다
荒(あ)れ果(は)てる 매우 거칠어지다, 아주 황폐해지다

イザナギはそれを見てあっと言って、逃(に)げ出(だ)しました。それに気(き)づいてイザナミは、

「あなたは、約束(やくそく)を破(やぶ)って、はずかしい私の姿をごらんになりましたね！」

と怒ってさけびました。そして、自分(じぶん)の体(からだ)から生(う)まれた八人の雷(いかずち)の神に、千五百人(せんごひゃくにん)の軍隊(ぐんたい)を付(つ)けて、イザナギを追(お)いかけさせました。

- あっと言(い)う　깜짝 놀라다 〈깜짝 놀랐을 때 'あっ(앗!)' 소리를 내는 데서 생긴 말〉
- 逃(に)げ出(だ)す　도망치다
- 気(き)づく　눈치를 채다, 알아차리다
- 約束(やくそく)を破(やぶ)る　약속을 어기다
- はずかしい(恥ずかしい)　부끄럽다, 창피하다
- ごらんになる　보시다 〈見る의 존경어〉
- 怒(おこ)る　화내다
- 自分(じぶん)　자기, 자신
- 軍隊(ぐんたい)　군대
- 付(つ)ける　붙이다
- 追(お)いかけさせる　뒤쫓게 하다 〈追いかける(뒤쫓다)의 사역형〉

이자나기는 그것을 보고 깜짝 놀라서 도망쳤습니다. 그것을 알아차린 이자나미는,

"당신은 약속을 어기고 부끄러운 제 모습을 보셨군요!" 라고 화가 나 외쳤습니다. 그리고 자신의 몸에서 태어난 여덟 명의 천둥신에게 천오백 명의 군대를 붙여서 이자나기를 뒤쫓아가게 했습니다.

イザナギはつるぎを振(ふ)り回(まわ)しながら[12]逃げ、やっとのことで、この世(よ)とよみの国の境(さかい)にある、険(けわ)しい坂(さか)まで、たどりつきました。イザナギは、大急(おおいそ)ぎで大(おお)きな岩(いわ)を動(うご)かして、坂の真(ま)ん中(なか)に置(お)いて、この世とよみの国の境をふさぎました。イザナミはくやしがり、

「あなたがそんなひどいことをなさるのなら、私はこの先(さき)あなたの国の人たちを、一日(いちにち)に千人(せんにん)ずつ、しめ殺(ころ)してやります[13]から。」

とさけびました。

- つるぎ 칼
- 振(ふ)り回(まわ)す 휘두르다
- 逃(に)げる 도망가다
- 世(よ) 세상, 시대
- 境(さかい) 경계
- 険(けわ)しい 험악하다, 험난하다
- 坂(さか) 언덕, 오르막길
- たどりつく 다다르다, 도착하다
- 大急(おおいそ)ぎ 급히 서두름, 아주 급함
- 岩(いわ) 바위
- 動(うご)かす 움직이다, 위치를 옮기다
- 真(ま)ん中(なか) 한가운데
- 置(お)く 두다, 놓다
- ふさぐ(塞ぐ) 막다, 가로막다
- くやしがる 분하게 생각하다
- ひどい 심하다
- なさる 하시다 〈するの 존경어〉
- ～なら ~라면, ~다면
- この先(さき) 앞으로
- 一日(いちにち)に 하루에
- ～ずつ (수량을 나타내는 말에 붙어) ~씩
- しめ殺(ころ)す 목 졸라 죽이다
- ～から ~테니까, ~니까 〈문장 끝에 붙어 경고 또는 위로의 마음을 나타냄. 怒(おこ)るから 화낼 테야 | いいから 괜찮다니까〉

이자나기는 칼을 휘두르면서 도망쳐 가까스로 이 세상과 황천의 경계에 있는 험한 언덕까지 도착했습니다. 이자나기는 급히 서둘러 커다란 바위를 움직여 언덕의 한가운데에 놓아 이 세상과 황천의 경계를 막았습니다. 이자나미는 분해하면서,

"당신이 그렇게 심한 짓을 하신다면, 저는 앞으로 당신 나라의 사람들을 하루에 천 명씩 목 졸라 죽일 테니까!"

라고 외쳤습니다.

---

12 ~ながら ~(하)면서 [동사 ます형+ながら]

어떤 행동을 하면서 동시에 다른 행동을 같이 하는 동시동작을 나타낸다.

音楽(おんがく)を聞(き)きながら、お菓子(かし)を食(た)べています。
음악을 들으면서 과자를 먹고 있습니다.

13 ~てやる ~(해) 주다, ~테다 [동사 て형+やる]

친한 사이의 사람이나 손아랫사람에게 뭔가를 해 주는 경우와, 강한 의지를 나타낼 때 쓴다.

妹(いもうと)の宿題(しゅくだい)を手伝(てつだ)ってやった。
여동생의 숙제를 도와주었다.

思(おも)い知(し)らせてやる。 깨닫게 해 줄테다.

これを聞(き)いて、イザナギは

「お前(まえ)がそんなことをするなら、私の方(ほう)は、一日に千五百人(せんごひゃくにん)ずつ子どもを生ませるようにして見(み)せる。」

とちかいました。こうして、この世では、一日に必(かなら)ず千人の人が死(し)に、その代(か)わりに千五百人の子どもたちが、生まれることになったのです。

- お前(まえ) 너 〈주로 남자가 씀〉
- 生(う)ませる 낳게 하다 〈生む(낳다)의 사역형〉
- ～て見(み)せる ~해 보이다 〈말하는 이의 강한 의지를 나타냄〉
- ちかう(誓う) 맹세하다
- こうして 이렇게 해서
- 必(かなら)ず 반드시, 꼭, 기필코
- その代(か)わりに 그 대신에

이 말을 듣고 이자나기는,

"당신이 그런 짓을 한다면 내 쪽에서는 하루에 천오백 명씩 아기를 낳도록 해 보이겠소!"

라고 맹세했습니다. 이렇게 해서 이 세상에는 하루에 반드시 천 명의 사람이 죽고, 그 대신에 천오백 명의 아기가 태어나게 된 것입니다.

よみの国からこの世に帰(かえ)ってきたイザナギは、着(き)ている物(もの)を全部(ぜんぶ)ぬいで、冷(つめ)たい海水(かいすい)の中に入り、よみの国で付(つ)いた体のけがれ*を洗(あら)い清(きよ)めました。そこから様々(さまざま)な神が生まれましたが、左(ひだり)の目(め)を洗った時、太陽(たいよう)のように美(うつく)しい女神(めがみ)アマテラスオオミカミが生まれました。次(つぎ)に、右(みぎ)の目を洗うと、月(つき)の神であるツクヨミのみことが生まれました。その次に鼻(はな)を洗うと、あらしの神であるスサノオのみことが生まれました。

- □ 着(き)る (상의를) 입다 〈하의는 はく를 씀〉
- □ 全部(ぜんぶ) 전부
- □ ぬぐ(脱ぐ) 벗다
- □ 冷(つめ)たい 차갑다
- □ 海水(かいすい) 바닷물
- □ けがれ 부정, 더러움
- □ 洗(あら)い清(きよ)める 깨끗이 씻어내다
- □ 様々(さまざま) 여러 가지
- □ 洗(あら)う 씻다
- □ 太陽(たいよう) 태양
- □ 女神(めがみ) 여신
- □ みこと 여신이나 귀인의 이름에 붙이는 존칭
- □ 次(つぎ)に 다음에, 다음으로
- □ あらし(嵐) 폭풍

황천에서 이 세상으로 돌아온 이자나기는 입고 있던 옷을 전부 다 벗고 차가운 바닷물 속으로 들어가 황천에서 묻은 몸의 더러움을 깨끗하게 씻어냈습니다. 거기에서 여러 신들이 태어났는데, 왼쪽 눈을 씻었을 때 태양과 같이 아름다운 여신 아마테라스오오미카미가 태어났습니다. 다음으로 오른쪽 눈을 씻자 달의 신인 츠쿠요미노미코토가 태어났습니다. 그 다음에 코를 씻자 폭풍의 신인 스사노오노미코토가 태어났습니다.

*** けがれ**

고대 일본에서는 죄나 부정, 더러움 등은 바다나 강에서 목욕을 하면 씻겨 내려가 원래의 맑고 깨끗한 상태로 되돌아온다고 믿었다고 한다.

この三人(さんにん)の子どもたちを見て、イザナギは心(こころ)から喜(よろこ)びました。そこで、首(くび)に付けていた玉(ぎょく)の首(くび)かざりをアマテラスに渡(わた)して、

「お前*は私の代わりに[14]、高天原(たかまがはら)を支配(しはい)しなさい。」

と命(めい)じました。次にツクヨミには夜(よる)の国を、スサノオには海の上(うえ)を支配することを命じました。

- 心(こころ)から　마음으로부터, 진심으로
- 首(くび)に付(つ)ける　목에 걸다
- 玉(ぎょく)　옥 〈보석의 종류〉
- 首(くび)かざり　목걸이 =ネックレス
- 渡(わた)す　건네다, 건네주다
- 支配(しはい)する　지배하다
- 命(めい)じる　명하다, 명령하다

이 세 명의 아기들을 보고 이자나기는 진심으로 기뻐했습니다. 그래서, 목에 걸고 있던 옥 목걸이를 아마테라스에게 건네주며,

"너는 내 대신 타카마가하라를 지배하거라!"

라고 명령했습니다. 다음으로 츠쿠요미에게는 밤의 나라를, 스사노오에게는 바다 위를 지배할 것을 명령했습니다.

---

14 ～の代わりに ～대신에, ～을 대신하여 [명사+の代わりに]

の 앞에 오는 명사가 해야 할 일을 대신한다는 뜻을 나타낸다.

母(はは)の代(か)わりに、買(か)い物(もの)をしました。
엄마를 대신하여 장을 보았습니다.

*** 남자들이 쓰는 대명사**

俺(おれ)	나	거친 말투지만 상대방과 숨김없는 태도로 대화할 때 쓴다.
僕(ぼく)	나	가장 일반적으로 폭넓게 쓴다.
君(きみ)	자네, 군	친한 사이나 손아랫사람을 친근감 있게 호칭할 때 쓴다.
お前(まえ)	너	대등한 관계나 손아랫사람에게 쓰며 거친 느낌을 준다.

三(さん)、アマテラスとスサノオ

三人の神々(かみがみ)は、父(ちち)の命令(めいれい)にしたがって[15]、それぞれの国を治(おさ)めることになりましたが、一番弟(おとうと)のスサノオだけは、父の命令にしたがわず[16]、お母さんの住むよみの国に行きたい、と地(じ)だんだをふんで泣(な)き続(つづ)けたため、ついに父のイザナギの神に、追(お)い払(はら)われてしまいます。

- それぞれ 각각
- 国(くに)を治(おさ)める 나라를 다스리다, 국가를 통치하다
- ～だけ ~뿐, ~만
- したがう(従う) 따르다, 복종하다
- 地(じ)だんだをふむ 발을 동동 구르다
- 泣(な)き続(つづ)ける 계속 울다
- ～ため ~때문에 〈원인을 나타냄〉
- 追(お)い払(はら)われる 추방당하다 〈追い払う(추방하다)의 수동형〉

3. 아마테라스와 스사노오

세 명의 신들은 아버지의 명령에 따라 각각의 나라를 다스리게 되었습니다만, 막내인 스사노오만은 아버지의 명령에 따르지 않고 어머니가 사는 황천에 가고 싶다고 발을 구르며 계속 울어댔기 때문에 결국 아버지인 이자나기 신에게 추방당해 버립니다.

15 ～にしたがって ～에 따라 [명사+にしたがって]

앞에 오는 사항에 거스르지 않고 그대로 받아들일 때 쓰는 표현으로, 앞에는 주로 사람이나 규칙 · 지시 등을 나타내는 말이 온다.

学校(がっこう)の規則(きそく)にしたがって、制服(せいふく)を着(き)ます。
학교 규칙에 따라 교복을 입습니다.

16 ～ず(に) ～(하)지 않고 [동사 ない형+ず(に)]

～ないで의 옛말로 부정을 나타낸다. する는 せず, 来る는 こず로 접속된다.

名前(なまえ)は漢字(かんじ)で書(か)かずにひらがなで書いてください。
이름은 한자로 쓰지 말고 히라가나로 써 주세요.

スサノオは、しかたなく

「それでは、高天原(たかまがはら)の姉(あね)、アマテラスにあいさつしてから[17]よみの国に行きます。」

と言って高天原へと登(のぼ)っていきました。アマテラスの方は、乱暴(らんぼう)ものの弟が自分の国に来ると聞いて、

「きっと私の国をうばおうと思(おも)って[18]来るにちがいない[19]。」

とうたがって、スサノオを迎(むか)えうつ準備(じゅんび)をしてかまえていました。

- しかたない 어쩔 수 없다 =しょうがない
- それでは 그럼, 그렇다면
- あいさつする 인사하다
- 乱暴(らんぼう)もの 난폭한 자
- きっと 꼭, 반드시
- うばう(奪う) 빼앗다
- うたがう(疑う) 의심하다
- 迎(むか)えうつ 쳐들어오는 적을 맞아 싸우다, 맞서 싸우다
- 準備(じゅんび) 준비 =用意(ようい)
- かまえる 태세를 갖추다, 대비하다, 준비하다

스사노오는 어쩔 수 없이,

"그렇다면 타카마가하라에 있는 누나 아마테라스에게 인사를 하고 나서 황천으로 가겠습니다."

라고 말하고 타카마가하라로 올라갔습니다. 아마테라스 쪽에서는 난폭한 인물인 남동생이 자기 나라에 온다는 말을 듣고,

"분명 내 나라를 빼앗으려고 오는 것임에 틀림없어."

라고 의심하여 스사노오와 맞서 싸울 준비를 하고 대비하고 있었습니다.

17 ～てから　~(하)고 나서, ~(한) 후에 [동사 て형+から]

앞의 행동을 완전히 끝마친 후에 뒤이어 다른 행동을 함을 나타낸다.

説明(せつめい)を聞(き)いてから、質問(しつもん)しなさい。
설명을 듣고 나서 질문하세요.

18 ～(よ)うと思う　~하려고 (생각)하다 [동사 의지형+と思う]

어떤 행동이나 일을 하려는 의지를 나타낸다.

アルバイトを辞(や)めようと思(おも)います。 아르바이트를 그만두려고 합니다.

19 ～にちがいない　~(임)에 틀림없다

[동사·い형용사 보통형, な형용사 어간(だった), 명사(だった)+にちがいない]

말하는 이가 강한 확신을 갖고 단정적으로 말할 때 쓴다.

あの人(ひと)は先生(せんせい)にちがいありません。
저 사람은 선생님임에 틀림없습니다.

スサノオは高天原に来るとこれまでのけいいを説明(せつめい)し、

「私に悪(わる)い心(こころ)などありません。」

と答(こた)えました。

「口(くち)ではそう言(い)っても、お前の心が清(きよ)らかなことは、どうすれば分(わ)かるの？」

とアマテラスはうたがいました。

「それではお姉(ねえ)さんと私とで、神様にちかいを立(た)てて子どもを生むことにしましょう。生まれた子どもによって[20]、私の心が清らかかどうかを調(しら)べることにしたらどうでしょうか。」

とスサノオが提案(ていあん)しました。

- これまで 지금까지
- けいい(経緯) 경위 ＝いきさつ
- 説明(せつめい)する 설명하다
- 心(こころ) 마음, 진심
- 答(こた)える 대답하다
- ～では ~(으)로는 〈방법이나 수단을 나타냄〉
- 清(きよ)らかだ 맑다, 깨끗하다
- 分(わ)かる 알다, 이해하다
- ～の？ ~니?, ~어? 〈문장 끝에 붙어 가벼운 의문을 나타냄〉
- 神様(かみさま) 신, 하느님 〈神의 높임말〉
- ちかいを立(た)てる 맹세를 하다
- ～かどうか ~(인)지 아닌지, ~(일)지 어떨지
- 調(しら)べる 알아보다, 조사하다
- ～たら ~다면, ~라면
- 提案(ていあん)する 제안하다

스사노오는 타카마가하라에 오자 지금까지의 경위를 설명하고,

"나에게 나쁜 마음 따위는 없습니다."

라고 대답했습니다.

"입으로는 그렇게 말해도 너의 마음이 깨끗한 것은 어떻게 하면 알 수 있느냐?"

라고 아마테라스는 의심했습니다.

"그렇다면 누님과 내가 함께 신께 맹세를 하고 아기를 낳도록 합시다. 태어난 아기로 내 마음이 깨끗한지 어떤지를 알아보기로 하면 어떨까요?"

라고 스사노오가 제안했습니다.

---

20 ～によって ～에 의하여, ～에 따라 [명사+によって]

앞에 오는 말이 원인이 되어 뒤의 상황이 영향을 받아 변하는 경우에 쓴다.

検査(けんさ)の結果(けっか)によって、入院(にゅういん)しました。

검사 결과에 따라 입원했습니다.

こうして、二人は河(かわ)をはさんで、儀式(ぎしき)を行(おこな)うことになりました。初(はじ)めに、アマテラスは、弟の腰(こし)にさしていたつるぎを受(う)け取(と)って、これを三(みっ)つ*に折(お)り、井戸(いど)の水(みず)で洗(あら)い清(きよ)めました。

そしてそれを口の中に入(い)れてかみくだき、ふっと吹(ふ)き出(だ)しました。

- 河(かわ) 강, 하천
- はさむ(挟む) (사이에) 끼다
- 行(おこな)う 행하다, 거행하다
- 腰(こし)にさす 허리에 차다
- 受(う)け取(と)る 받다, 수취하다
- 折(お)る 꺾다, 부러뜨리다
- 井戸(いど) 우물 〈井戸の水(みず) 우물물〉
- 入(い)れる 넣다
- かみくだく 잘게 씹다, 씹어 으깨다
- ふっと 입을 오므리고 내부는 모양, 훅, 훅 하고
- 吹(ふ)き出(だ)す 불어서 내보내다

이렇게 해서 두 사람은 강을 사이에 두고 의식을 행하게 되었습니다. 먼저 아마테라스는 동생이 허리에 차고 있던 칼을 건네받아, 이것을 세 조각으로 부러뜨리고 우물의 물로 깨끗하게 씻었습니다.

그리고 그 조각들을 입 안에 넣고 질근질근 씹어서 훅 하고 내뿜었습니다.

*** 개수 세는 법**

ひとつ 하나, 한 개	ふたつ 둘, 두 개	みっつ 셋, 세 개
よっつ 넷, 네 개	いつつ 다섯 (개)	むっつ 여섯 (개)
ななつ 일곱 (개)	やっつ 여덟 (개)	ここのつ 아홉 (개)
とお 열 (개)	いくつ 몇 개	

すると、はき出(だ)された息(いき)は霧(きり)となって[21]、その中から清らかで美しい三人の女神(めがみ)たちが生まれました。

次にスサノオはアマテラスが身(み)に付(つ)けていた、たくさんのまが玉(たま)をつらねた玉(たま)かざりをもらい受(う)け、それを井戸(いど)の水できれいに洗(あら)い清(きよ)めました。そして、それを口の中に入れてかみくだき、ふっと吹(ふ)き出(だ)すと、そこから五人(ごにん)の男の神が生まれました。

- はき出(だ)される 내쉬어지다, 내뱉어지다 〈はき出す(내쉬다, 내뱉다)의 수동형〉
- 息(いき) 숨, 호흡
- 霧(きり) 안개
- 身(み)に付(つ)ける 몸에 지니다, 몸에 걸치다
- まが玉(たま) 곡옥 〈고대 장신구의 하나〉
- つらねる(連ねる) 잇다, 연결하다
- 玉(たま)かざり 옥장식
- もらい受(う)ける 얻어서 갖다

그러자, 내쉰 숨은 안개가 되고 그 속에서 맑고 아름다운 세 명의 여신이 태어났습니다.

다음으로 스사노오는 아마테라스가 몸에 걸치고 있던 많은 곡옥을 연결한 옥장식을 받아 들고 그것을 우물 물로 깨끗하게 씻어냈습니다. 그리고 그 옥장식을 입 안에 넣고 질근질근 씹어 훅 하고 내뿜자, 거기에서 다섯 명의 남신이 태어났습니다.

21 **~となる ~이(가) 되다** [な형용사 어간, 명사+となる]
앞 말이 표현하는 상태로 변화하는 것을 나타내는데, 변화할 수 있는 최종 단계로까지의 변화임을 내포하고 있다.

ちりもつもれば山(やま)となる。 〈속담〉 티끌 모아 태산이다.

「それごらんなさい。私の心が清らかな証拠(しょうこ)に、私の子どもたちは清らかな女の子ばかりではありませんか。この勝負(しょうぶ)は私の勝(か)ちですね。」

そうさけぶと、スサノオは「勝った！ 勝った！」とばかり*、じょうきげんになって走(はし)り去(さ)ってしまいました。

- ごらんなさい 보십시오, 보세요 〈見なさい(보시오)의 높임말〉
- 証拠(しょうこ) 증거
- ~ばかり ~뿐, ~만
- 勝負(しょうぶ) 승부
- 勝(か)ち 이김, 승리 ↔ 負(ま)け 짐, 패배
- 勝(か)つ 이기다, 승리하다 ↔ 負(ま)ける 지다, 패하다
- じょうきげんになる 기분이 매우 좋아지다 〈じょうきげん(上機嫌) 기분이 매우 좋음〉
- 走(はし)り去(さ)る 달려가다

"그거 보세요. 제 마음이 깨끗하다는 증거로 내 아기들은 청순한 여자 아기만 태어나지 않았습니까? 이 승부는 저의 승리입니다."

그렇게 외치며 스사노오는 '이겼다! 이겼다!'라는 듯이 기분이 매우 좋아져서 달려가 버렸습니다.

*** ～とばかり (마치) ～라는 듯이, ～(할) 듯이, ～한 기세로**

상대방이 앞에 오는 말을 받아 정말 그렇다는 듯이 행동할 때 쓴다. ～とばかりに라고도 쓴다.

待(ま)っていたとばかりに	기다리고 있었다는 듯이
この時(とき)とばかりに	바로 지금이라는 듯이
えいっとばかりに	'에잇' 하고 말할 듯이

CHECK UP

지금까지 익힌 표현들을 모았습니다. 내용을 상기하면서 풀어보기 바랍니다.

1 다음 중 본문의 내용과 일치하면 ○표, 일치하지 않으면 ×표를 하세요.

❶ イザナミから声をかけて、結婚の儀式をすると、八つのりっぱな島が生まれた。(　　　)

❷ イザナギはよみの国にイザナミに会いにいったが、そのみにくい姿を見て、逃げ出した。(　　　)

❸ アマテラスは月の女神である。(　　　)

❹ スサノオのつるぎから、男の神が生まれた。(　　　)

2 다음 (　　)에서 알맞은 말을 골라 문장을 완성하세요.

보기	～ようだ	～にちがいない
	～ことにした	～ことができる

❶ 彼はきっと来る(　　　　　　　　　　　　　　　　)。

그는 꼭 올 것임에 틀림없다.

❷ 私は、日本語を少し話す(　　　　　　　　　　　　　　　　)。

나는 일본어를 조금 말할 수 있다.

❸ あしたから、毎朝(まいあさ)、ジョギングする(　　　　　　　　　　　　　　　　)。

내일부터 매일 아침 조깅하기로 했다.

❹ 彼女はまるで、子どもの(　　　　　　　　　　　　　　　　)。

그녀는 마치 아이 같다.

3 다음 [ ] 안의 단어를 알맞게 넣어 문장을 완성하세요.

❶ 毎日(まいにち)、__________から、1時間勉強(べんきょう)します。[帰る]

❷ あさねぼうして、ごはんも__________ずに、学校へ行きました。[食べる]

❸ あしたから、いっしょうけんめい__________と思います。[勉強する]

❹ __________ながら、たばこをすってはいけません。[歩(ある)く]

4 [ ] 안의 말을 넣어 일본어로 옮겨 보세요.

❶ 어머니 대신에 내가 요리를 만들었다. [代わりに、料理(りょうり)を作(つく)る]

→ ______________________________

❷ 선생님의 지시에 따라 공부를 했다. [指示(しじ)、したがって]

→ ______________________________

❸ 하늘이 점점 어두워져 갔다. [空(そら)、だんだん、暗(くら)い、ていく]

→ ______________________________

❹ 시간에 늦지 않도록 해 주세요. [時間(じかん)、遅(おく)れる、ように]

→ ______________________________

四(よん)、天(あめ)の岩屋(いわや)

スサノオは、有頂天(うちょうてん)になって*、アマテラスが作(つく)っている田(た)んぼにどんどん入ってきて、あぜをこわしたり、溝(みぞ)をうずめたり[22]、その年(とし)の初(はじ)めてのお米(こめ)をいただく神殿(しんでん)に、うんこをして回(まわ)るような乱暴(らんぼう)をしました。

- 天(あめ)の岩屋(いわや) 일본 신화에 나오는 천상계에 있었다는 암굴
- 田(た)んぼ 논
- どんどん 자꾸, 마구, 잇달아
- あぜ 논두렁
- こわす(壊す) 부수다, 망가뜨리다
- 溝(みぞ) 도랑
- うずめる(埋める) 묻다
- 年(とし) 해, 나이
- お米(こめ) 쌀 〈おは 미화어〉
- いただく 바치다, 받들다
- うんこをする 똥을 누다
- 乱暴(らんぼう)をする 난폭한 행동을 하다

스사노오는 기뻐서 어쩔 줄 몰라 아마테라스가 경작하고 있는 논으로 마구 들어가서 논두렁을 망가뜨리기도 하고 도랑을 메우기도 하며 그해 첫 수확한 쌀을 바치는 신전에 변을 보고 돌아다니는 것과 같은 난폭한 행동을 했습니다.

22 **～たり～たり(する) ～(하)기도 하고 ～(하)기도 한다** [동사 た형+り]
상황의 반복을 나타내는데, ～たり를 한 번만 써서 반복임을 표현하기도 한다.

週末(しゅうまつ)は、そうじをしたり、せんたくをしたりしました。
주말에는 청소를 하기도 하고 빨래를 하기도 했습니다.

＊ 有頂天になる
기뻐서 하늘로 올라갈 것 같다는 상태를 나타내는 말로, '너무 기뻐서 어쩔 줄 모르다'란 뜻이다. 有頂天(うちょうてん)은 가장 높은 하늘인 구천(九天) 중에서도 제일 높은 하늘을 가리킨다.

そして、ついには神々の着物を織る神殿の屋根に上り、そのてっぺんに穴をあけ、生きたまま[23]皮をはぎとった馬を、どさっと投げ入れたのです。

機織りの少女たちはとてもおどろき、その一人が、機織りの道具がおなかにつきささって死んでしまいました。この様子を見ていたアマテラスは、怒り、なげいて、天の岩屋という洞穴の中に一人で入っていき、入り口をぴったりと閉めてしまいました。そしてそこから、もう出てこようとはしません[24]でした。

- ☐ 着物(きもの) 옷, 의복
- ☐ 織(お)る (옷을) 짜다
- ☐ 屋根(やね) 지붕
- ☐ 上(のぼ)る 오르다, 올라가다
- ☐ てっぺん 꼭대기
- ☐ 穴(あな)をあける 구멍을 내다, 구멍을 뚫다
- ☐ 皮(かわ) 가죽
- ☐ はぎとる 벗겨내다
- ☐ 馬(うま) 말
- ☐ どさっと 무거운 짐을 던지거나 또는 떨어졌을 때 나는 소리. 쿵, 털석
- ☐ 投(な)げ入(い)れる 던져 넣다
- ☐ 機織(はたお)り 베 짜기 또는 베를 짜는 사람
- ☐ おどろく(驚く) 놀라다
- ☐ 道具(どうぐ) 도구
- ☐ おなか 배, 복부 ＝腹(はら)
- ☐ つきささる 꽂히다
- ☐ 様子(ようす) 상황, 모양, 모습
- ☐ 洞穴(ほらあな) 동굴
- ☐ 入(い)り口(ぐち) 입구 ↔ 出口(でぐち) 출구
- ☐ ぴったりと 정확히 딱 들어맞는 모양, 꽉, 딱
- ☐ 閉(し)める 닫다 ↔ 開(あ)ける 열다
- ☐ もう 이제, 더 이상

그리고 결국에는 신들의 옷을 짜는 신전의 지붕 위로 올라가서 그 꼭대기에 구멍을 뚫고 산 채로 가죽을 벗긴 말을 쿵 하고 던져 넣었던 것입니다.

베 짜는 소녀들은 너무나 놀라 그중 한 명은 베 짜는 도구가 배에 꽂혀 죽고 말았습니다. 이 상황을 지켜보던 아마테라스는 화를 내고 한탄하며 아메노이와야라는 동굴 속으로 혼자 들어가 입구를 꽉 닫아 버렸습니다. 그리고 그곳에서 더 이상 나오려고 하지 않았습니다.

23 ~たまま ~한 채 [동사 た형+まま]

어떤 상황이나 상태가 완료된 그대로 유지되고 있음을 나타낸다.

かばんを置(お)いたまま、教室(きょうしつ)を出(で)てきました。
가방을 둔 채 교실을 나왔습니다.

24 ~(よ)うと(は)する ~(하)려고(는) 하다 [동사 의지형+と(は)する]

자신의 의지에 따라 어떤 행동을 하려는 것을 나타낸다.

友(とも)だちはそのことについて話(はな)そうとしない。
친구는 그 일에 대해 얘기하려고 하지 않는다.

アマテラスは、太陽(たいよう)の神ですから、岩屋の中に入ってしまったとなると、天にある高天原(たかまがはら)も、地上(ちじょう)の国も、いっぺんに真(ま)っ暗(くら)やみになってしまいました。それに、いくら待(ま)っても[25]太陽が出てこないのですから、毎日(まいにち)が夜(よる)ばかり、今(いま)までこっそりかくれていた悪い神々が、五月(ごがつ)のハエのようにさわぎ始(はじ)めるし、いろいろの災(わざわ)いが、いっぺんに生(しょう)じてきました。

- 地上(ちじょう) 지상
- いっぺんに 한번에, 동시에, 단번에
- 真(ま)っ暗(くら)やみ 매우 깜깜한 어둠
- それに 게다가
- 待(ま)つ 기다리다
- 毎日(まいにち) 매일
- 今(いま)まで 지금까지
- こっそり 몰래, 슬쩍
- かくれる(隠れる) 숨다
- ハエ 파리
- さわぎ始(はじ)める 소동(소란)을 피우기 시작하다 〈~始めるは 동사 ます형에 붙어 '~(하)기 시작하다'란 뜻을 만듦〉
- ~し ~(하)여, ~(해)서 〈앞에 나온 내용이 원인 · 이유임을 나타냄〉
- いろいろ 여러 가지
- 災(わざわ)い 재앙
- 生(しょう)じる 생기다, 발생하다

아마테라스는 태양의 신이라, 동굴 속으로 들어가 버리자 하늘에 있는 타카마가하라도 지상에 있는 나라도 동시에 아주 캄캄하게 어두워져 버렸습니다. 게다가 아무리 기다려도 태양이 나오지 않으니 매일 밤만 이어져, 지금까지 조용히 숨어 지내고 있던 악신들이 5월의 파리처럼 소동을 피우기 시작하니 여러 가지 재앙이 한꺼번에 생겨났습니다.

25 いくら~ても 아무리 ~해도 [いくら+동사 て형+も]
어떤 행동이나 상황이 난관에 부딪혀 자기 뜻대로 되지 않을 때 쓰는 표현이다. いくら 대신에 *どんなに*를 쓰는 경우도 많다.

親(おや)がいくら注意(ちゅうい)しても、子(こ)どもは言(い)うことを聞(き)かなかった。 부모가 아무리 주의를 주어도 아이는 말을 듣지 않았다.

困(こま)った神々は、この大事件(だいじけん)を相談するために、高天原の真ん中を流(なが)れている、河(かわ)の河原(かわら)に集(あつ)まって、重大(じゅうだい)な会議(かいぎ)を開(ひら)き、一(ひと)つのはかりごとをすることになりました。

まず、暗(くら)やみの中でも、長(なが)くおを引(ひ)いて鳴(な)く鶏(にわとり)を、できるかぎり集めました。そして、矛(ほこ)と鏡(かがみ)と長い玉(たま)かざりを作(つく)りました。次(つぎ)に、天香具山(あまのかぐやま)*に生(は)えていた、青々(あおあお)としげっているサカキの木(き)*を五百本(ごひゃっぽん)、根(ね)こそぎ掘(ほ)り起(お)こしてきて、岩屋の前に立(た)てました。

- 困(こま)る 곤란하다, 난처하다
- 大事件(だいじけん) 대사건
- ～ために ~(하)기 위해 〈동사 기본형과 명사에 붙어 목적을 나타냄〉
- 流(なが)れる 흐르다
- 河原(かわら) (강가나 냇가의) 모래밭, 자갈밭
- 集(あつ)まる 모이다
- 重大(じゅうだい)だ 중대하다
- 会議(かいぎ)を開(ひら)く 회의를 열다
- はかりごとをする 계략을 꾸미다
- 暗(くら)やみ 어둠
- お(尾) 꼬리
- 鳴(な)く (새나 짐승 등이) 울다
- 鶏(にわとり) 닭
- できるかぎり 가능한 한, 할 수 있는 한 〈かぎり 있는 만큼 전부 다〉
- 集(あつ)める 모으다
- 鏡(かがみ) 거울
- 青々(あおあお)と 푸르디푸르게
- しげる(茂る) 무성하다, 우거지다
- 根(ね)こそぎ 뿌리째
- 掘(ほ)り起(お)こす 파내다
- 立(た)てる 세우다

곤란에 처한 신들은 이 대사건을 상의하기 위해 타카마가하라의 한가운데를 흐르고 있는 강의 자갈밭에 모여 중대한 회의를 열고 하나의 계략을 짜게 되었습니다.

우선, 어둠 속에서도 길게 꼬리를 끌며 우는 닭을 가능한 많이 모았습니다. 그리고 창과 거울과 긴 옥장식을 만들었습니다. 그 다음에 아마노카구야마에 자라 있던 푸르디푸르게 우거진 비쭈기나무를 오백 그루 뿌리째 뽑아내어 와서 동굴 앞에 심었습니다.

＊ 天香具山

高天原에 있었다는 산으로, 奈良(なら) 현에 동명의 산이 존재한다.

＊ サカキの木

비쭈기나무. 고대 일본에서는 신에게 제사를 지낼 때 잎이 달린 비쭈기나뭇가지를 바치는 풍습이 있었다고 한다.

そして、玉(たま)かざりを上(うえ)の枝(えだ)に取(と)り付(つ)け、鏡(かがみ)を中の枝につるし、白(しろ)と青(あお)の布(ぬの)を下(した)の枝にかざりました。それから、二人の神が天(あめ)の岩屋(いわや)の前でお祈(いの)りを始(はじ)めました。この時、高天原で一番の力持(ちからも)ちの神、アメノタヂカラオが、こっそりと入り口の岩のはしにかくれました。こうして、アマテラスを天の岩屋から引(ひ)き出(だ)すための祭(まつ)りの準備(じゅんび)がととのいました。

- 枝(えだ) 가지, 나뭇가지
- 取(と)り付(つ)ける 붙이다, 설치하다
- つるす 매달다, 달아매다
- 布(ぬの) 천, 헝겊
- かざる(飾る) 꾸미다, 장식하다
- お祈(いの)り 기도, 기원 〈お는 존경어〉
- 始(はじ)める 시작하다 〈始(はじ)まる 시작되다〉
- 力持(ちからも)ち 힘이 셈, 힘센 사람, 장사
- 岩(いわ) 바위
- はし(端) 끝부분, 가장자리
- 引(ひ)き出(だ)す 끌어내다
- 祭(まつ)り 축제, 제사
- ととのう(整う) 정리되다, 갖춰지다

그리고 옥장식을 윗가지에 걸고 거울을 가운데 가지에 매달고 흰색과 푸른색의 천을 아래 가지에 장식했습니다. 그리고 나서 두 명의 신이 아메노이와야 앞에서 기도를 시작했습니다. 이때 타카마가하라에서 가장 힘이 센 신인 아메노타지카라오가 몰래 입구의 바위 가장자리에 숨었습니다. 이렇게 해서 아마테라스를 아메노이와야에서 끌어내기 위한 축제 준비가 갖추어졌습니다.

集められた鶏たちが、いっせいに鳴き始めました。この時、陽気な女神、アメノウズメのみことが現れました。アメノウズメは、天香具山に生えているカズラのつるをたすきにかけ*、髪も乱れないようにカズラでくくり、手には清らかな音を立てるササの葉を束ねて持って、岩屋の前の大きなおけを逆さにした台にぽんと飛び乗ると、見事な足拍子を立てて*踊り始めました。

- 鳴(な)き始(はじ)める 울기 시작하다
- 陽気(ようき)だ 활발하다, 명랑하다
- 現(あらわ)れる 나타나다
- カズラ 덩굴풀의 총칭
- つる 덩굴
- 乱(みだ)れる 흐트러지다
- くくる 매다, 묶다, 한데 묶다, 다발을 짓다
- 音(おと)を立(た)てる 소리를 내다
- ササ 조릿대
- 葉(は) 잎, 잎사귀

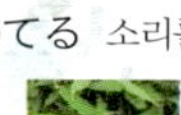

- 束(たば)ねる 다발을 짓다
- おけ(桶) 통

- 逆(さか)さにする 거꾸로 하다
- 台(だい) 대, 받침대
- ぽんと 휙
- 飛(と)び乗(の)る 뛰어 올라타다, 뛰어오르다
- 見事(みごと)だ 훌륭하다, 멋지다
- 足拍子を立(た)てる 발장단을 맞추다 〈手拍子(てびょうし) 손장단〉
- 踊(おど)り始(はじ)める 춤추기 시작하다

모아 놓은 닭들이 일제히 울기 시작했습니다. 이때 밝고 명랑한 여신 아메노우즈메노미코토가 나타났습니다. 아메노우즈메는 아마노카구야마에 자라고 있는 덩굴풀의 덩굴을 X자 모양으로 어깨에 매고, 머리카락도 흐트러지지 않도록 덩굴로 묶고, 손에는 맑은 소리를 내는 조릿대 잎을 묶어 들고, 동굴 앞에 놓아둔 큰 통을 거꾸로 한 받침대에 훽 뛰어오르자 멋진 발장단을 맞추며 춤추기 시작했습니다.

* たすきにかける
활동하기 편하게 상의의 넓은 소매를 걷어 올려서 묶는 방법으로, 양 어깨와 겨드랑이를 지나 등에서 X 자 모양으로 매는 것을 말한다.

踊(おど)るうちに[26]アメノウズメは、上着(うわぎ)の前をはだけて、豊(ゆた)かなおっぱいを丸出(まるだ)しにし、腰(こし)に巻(ま)いている布(ぬの)までも、ちらりちらりとめくったりしました。そのおもしろいこと、見物(けんぶつ)の神々はすっかり喜(よろこ)んで、手をたたいて笑(わら)いころげたので、高天原が揺(ゆ)れ動(うご)くのかと思(おも)われるほど[27]でした。

- 上着(うわぎ) 상의, 윗옷
- はだける (옷 여미는 부분을) 벌리다, 풀어헤치다
- 豊(ゆた)かだ 풍부하다, 풍족하다, 풍만하다
- おっぱい 가슴, 유방
- 丸出(まるだ)しにする 다 드러내다
- 巻(ま)く 감다
- ちらりちらりと 언뜻언뜻, 살짝살짝
- めくる 젖히다, 넘기다
- ～こと ~구나, ~네요 〈문장 끝에서 감동을 나타냄〉
- 見物(けんぶつ) 구경
- すっかり 완전히, 매우, 아주.
- 手(て)をたたく 손뼉을 치다 〈たたく 두드리다, 치다〉
- 笑(わら)いころげる 자지러지게 웃다, 포복절도하다
- ～ので ~라서, ~(이)므로 〈원인이나 이유를 나타냄〉
- 揺(ゆ)れ動(うご)く 흔들려 움직이다, 요동치다

춤추는 동안 아마노우즈메는 윗옷 앞자락을 벌리고 풍만한 가슴을 다 드러내며 허리에 두른 천까지도 살짝살짝 젖히기도 했습니다. 그 재미란! 구경하던 신들이 매우 기뻐하며 손뼉을 치면서 자지러지게 웃었기 때문에 타카마가하라가 요동치는 것처럼 생각될 정도였습니다.

26 ～うちに　～(하)는 동안에, ～(하)는 사이에 [동사 기본형+うちに]

앞에 오는 말의 상태나 동작이 끝나지 않고 계속 진행되고 있는 중임을 나타낸다.

本(ほん)を読(よ)むうちに、電車(でんしゃ)が行(い)ってしまいました。
책을 읽는 사이에 전철이 가 버렸습니다.

27 ～かと思うほど　～(인)가 싶을 만큼, ～것인가 생각할 만큼

앞에서 서술된 상태라고 생각할 정도로 심한 상황임을 나타낼 때 쓴다.

びっくりして心臓(しんぞう)が止(と)まるかと思(おも)われるほどでした。
깜짝 놀라서 심장이 멈추는 것처럼 생각될 정도였습니다.

この外(そと)のさわぎは岩屋の奥深(おくふか)くにかくれていたアマテラスの耳(みみ)にも聞(きこ)えました。アマテラスは不思議(ふしぎ)に思って、閉(し)めきっておいた[28]入り口(いりぐち)の戸(と)を、ほんの少々(しょうしょう)開(ひら)いて、外(そと)の様子(ようす)をうかがいました。見(み)ると、アメノウズメが、おもしろおかしく台の上で踊(おど)っていますから、さっそくたずねました。

- 外(そと) 바깥, 외부 ↔ 内(うち) 안, 내부
- さわぎ(騒ぎ) 소동, 소란
- 奥深(おくふか)く 속 깊이, 아주 깊이
- 聞(きこ)える 들리다
- 不思議(ふしぎ)だ 이상하다, 불가사의하다
- 閉(し)めきる 완전히 닫다 〈~きる는 동사 ます형에 붙어 '완전히 ~하다, 끝까지 ~하다'란 뜻을 만듦〉
- ほんの少々(しょうしょう) 아주 조금 =ほんの少(すこ)し
- 開(ひら)く 열다
- うかがう(伺う) 살펴보다
- おもしろおかしい 즐겁고 재미있다, 익살스럽다
- さっそく 당장, 바로
- たずねる 묻다, 물어보다

바깥의 소동은 동굴 속 깊이 숨어 있던 아마테라스의 귀에도 들렸습니다. 아마테라스는 이상하게 생각하여 꽉 닫아 놓은 입구의 문을 아주 조금 열고 바깥 상황을 엿보았습니다. 보았더니 아메노우즈메가 즐겁고 재미있게 받침대 위에서 춤추고 있어서 당장 물어보았습니다.

28 ～ておく ～해 두다, ～해 놓다 [동사 て형+おく]

어떤 상태를 유지하기 위해 그대로 두거나 미리 어떤 행동을 취해 놓는 것을 나타낸다. おく는 동사 置(お)く(두다, 놓다)에서 온 표현이다.

ホテルの行(ゆ)き方(かた)はちゃんと調(しら)べておきました。
호텔로 가는 방법은 꼼꼼하게 조사해 두었습니다.

「このさわぎはどうしたことなのです？」

すると、アメノウズメは踊りをやめて答(こた)えました。

「あなた様(さま)よりも、もっととうとい神がここにおいでになりますので、私たちはうれしくてうれしくて、それで笑(わら)ったり踊ったりしているわけでございます[29]。」

- ～です？ ~입니까? 〈의문을 나타내는 か를 붙이는 대신 문장 끝을 올려 말해 의문문임을 나타냄〉
- やめる 그만두다
- あなた様(さま) 당신 〈あなた(너, 당신)를 한층 높여 부르는 말〉
- ～よりも ~보다도 〈두 가지의 사물을 비교할 때 씀〉
- とうとい(尊い) 고귀하다, 존귀하다
- おいでになる 오시다, 가시다, 계시다 〈来る・行く・いる의 존경어〉
- うれしい(嬉しい) 기쁘다
- 笑(わら)う 웃다
- ～でございます ~입니다 〈～です의 겸양 표현〉

"이 소동은 어떻게 된 일입니까?"

그러자 아메노우즈메는 춤을 멈추고 대답했습니다.

"당신보다도 훨씬 고귀한 신이 이곳에 오시기 때문에 저희들은 너무나도 기뻐서, 그래서 웃기도 하고 춤추기도 하고 있는 것입니다."

---

29 ~わけだ ~인 것이다

[동사·い형용사 보통형, な형용사な, 명사な(である)+わけだ]

앞의 행동이나 상황이 일어나게 된 원인이나 이유를 설명할 때 쓴다.

そういうことで、彼(かれ)と別(わか)れたわけです。

그런 이유로, 그와 헤어진 것입니다.

その間(あいだ)、お祈(いの)りをした二人の神が、用意(ようい)した鏡(かがみ)をアマテラスの前に差(さ)し出(だ)しました。アマテラスがそこをながめると、なるほどとうとい神の姿が明(あか)るく照(て)り輝(かがや)いています。ますます不思議(ふしぎ)なことだと思い、もう少し入り口の戸を開けて、身(み)を乗(の)り出(だ)すようにして外(そと)をのぞきました。

- お祈(いの)りをする 기도하다, 기원하다
- 用意(ようい)する 준비하다, 마련하다
- 差(さ)し出(だ)す 내밀다, 제출하다
- ながめる(眺める) 바라보다
- なるほど 과연, 정말
- 明(あか)るい 밝다
- 照(て)り輝(かがや)く 밝게 빛나다, 찬란하게 (아름답게) 빛나다
- ますます 점점 더, 더욱더
- もう少(すこ)し 조금 더
- 戸(と)を開(あ)ける 문을 열다
- 身(み) 몸 ＝体(からだ)
- 乗(の)り出(だ)す 몸을 앞으로 내밀다
- のぞく (몰래) 엿보다

그사이 기도를 하던 두 명의 신이 준비한 거울을 아마테라스 앞에 내밀었습니다. 아마테라스가 거울을 봤더니 과연 고귀한 신의 모습이 찬란하게 빛나고 있습니다. 점점 이상하다는 생각에 조금 더 입구 문을 열고 몸을 앞으로 내밀 듯이 하여 바깥을 엿보았습니다.

その時、これを待(ま)っていたアメノタヂカラオが、アマテラスの手を取(と)ると、力(ちから)いっぱい引(ひ)っ張(ぱ)って、天(あめ)の岩屋(いわや)の外(そと)に引(ひ)き出(だ)してしまったのです。鏡を見(み)せた神の一人は、さっそく後(うし)ろに回(まわ)り、岩屋の前にしめなわ*をはりめぐらして、出入(でい)りを禁(きん)じてしまいました。そして、

「これからは、二度(にど)と中にお入(はい)りにならない[30]でください。」

とたのみました。

- 取(と)る 잡다, 들다, 취하다, 따다
- 力(ちから)いっぱい 있는 힘껏
- 引(ひ)っ張(ぱ)る 끌어당기다, 잡아당기다, 연행하다
- 後(うし)ろ 뒤, 뒤쪽
- はりめぐらす (줄을) 둘러치다
- 出入(でい)り 출입
- 禁(きん)じる 금하다, 금지하다
- これから 앞으로, 지금부터
- 二度(にど)と 두 번 다시
- ～ないでください ～(하)지 말아 주세요, ～(하)지 마세요 〈어떤 행위를 하지 않도록 의뢰할 때 씀〉
- たのむ(頼む) 부탁하다

그때 이 상황을 기다리고 있던 아메노타지카라오가 아마테라스의 손을 잡고 힘껏 잡아당겨 아메노이와야 밖으로 끌어내 버린 것입니다. 거울을 보여주었던 신 중 한 명은 즉시 뒤쪽으로 돌아가 동굴 앞에 금줄을 치고 출입을 금해 버렸습니다. 그리고,

"앞으로는 두 번 다시 안으로 들어가지 말아 주십시오!"
라고 부탁했습니다.

30 お~になる ~(하)시다 [お+동사 ます형+になる]
상대방의 행동에 대한 존경표현으로, 한자어가 올 경우에는 'ご+한자어+になる' 형태를 쓴다.

先生(せんせい)はお帰(かえ)りになりました。 선생님은 집으로 돌아가셨습니다.

★ しめなわ
출입을 금하는 '금줄'을 뜻한다. 이것이 기원이 되어 현대 일본에서도 신사 등에서는 신에게 제사를 올릴 때 금줄을 쳐서 신성한 장소로 함과 동시에 나쁜 기운이 들어오는 것을 막는다.

こうして、高天原(たかまがはら)と地上(ちじょう)の国には、ふたたび昼(ひる)の光(ひかり)が戻(もど)ってきました。そして、この事件(じけん)の原因(げんいん)となったスサノオは罰(ばつ)として、罪(つみ)を反省(はんせい)する品物(しなもの)を山(やま)ほど出(だ)すように命(めい)じられ、長いひげと手足(てあし)のつめを切(き)り取(と)られた上(うえ)[31]、高天原から追放(ついほう)されてしまいました。天(てん)を追(お)われたスサノオは、地上へと長い旅(たび)に出(で)かけることになりました。

- ふたたび 다시, 재차
- 光(ひかり) 빛
- 原因(げんいん) 원인
- 罰(ばつ) 벌
- ~として ~로서 〈자격이나 입장을 나타냄〉
- 罪(つみ) 죄
- 反省(はんせい)する 반성하다
- 品物(しなもの) 물건, 물품, 상품
- ~ほど ~만큼 〈사물의 양이나 정도를 나타냄〉
- 出(だ)す 내놓다, 제출하다
- ひげ 수염
- 手足(てあし) 손발
- つめ(爪) 손톱, 발톱
- 切(き)り取(と)る 잘라내다
- 追放(ついほう)される 추방당하다 〈追放する의 수동형〉
- 追(お)われる 쫓겨나다 〈追う(내쫓다, 추방하다)의 수동형〉
- 旅(たび) 여행
- 出(で)かける 나가다, 나서다, 외출하다

이렇게 해서 타카마가하라와 지상의 나라에는 다시 한낮의 빛이 되돌아왔습니다. 그리고 이 사건의 원인이 된 스사노오는 벌로서 죄를 반성하는 물품을 산더미처럼 바치도록 명을 받고, 긴 수염과 손톱 발톱을 잘린 후에 타카마가하라에서 추방당하고 말았습니다. 하늘에서 쫓겨난 스사노오는 지상으로의 긴 여행길에 오르게 되었습니다.

---

31 ～た上 ～(한) 뒤, ～(한) 다음 [동사 た형+上]
어떤 행동을 다 끝마친 이후의 시점을 나타내는 표현이다. 보통 ～た上での 형태로 많이 쓰며, ～してから로 바꿔 쓸 수도 있다.

他(ほか)の物(もの)も見(み)た上で決(き)めます。 다른 것도 본 다음에 정하겠습니다.

五(ご)、やまたのおろち*

高天原を追放されたスサノオは、出雲(いずも)*の地(ち)にやって来(き)ました。道(みち)を歩(ある)いていたスサノオがふと川(かわ)の流(なが)れに目(め)をやった時、水(みず)の中(なか)を箸(はし)が流れてきました。これは上流(じょうりゅう)に、人が住(す)んでいるという証拠(しょうこ)です。

そこでスサノオは、そちらに向(む)かって歩(ある)いていくことに決(き)めました[32]。

- □ やって来(く)る 찾아오다
- □ 道(みち)を歩(ある)く 길을 걷다, 길을 가다
- □ ふと 문득
- □ 流(なが)れ 흐름, 물결
- □ 目(め)をやる 눈길을 주다
- □ 箸(はし) 젓가락
- □ 上流(じょうりゅう) 상류 ↔ 下流(かりゅう) 하류

타카마가하라에서 추방당한 스사노오는 이즈모 땅으로 찾아왔습니다. 길을 걷고 있던 스사노오가 문득 강물에 눈길을 돌렸을 때 물속에서 젓가락이 떠내려 왔습니다. 이것은 상류에 사람이 살고 있다는 증거입니다. 그래서 스사노오는 그곳을 향해 걸어가기로 결심했습니다.

---

32 ～ことに決める ～(하)기로 정하다 [동사 기본형+ことに決める]
말하는 이의 의지대로 행동을 결정할 때 쓰는 표현이다.

投票(とうひょう)は来週(らいしゅう)行(おこな)うことに決(き)めた。
투표는 다음 주에 행하기로 정했다.

*** やまたのおろち**
일본 신화에 나오는 머리와 꼬리가 각각 8 개씩 달린 큰뱀. おろち(大蛇) 는 큰뱀, 구렁이, 이무기를 뜻한다.

*** 出雲**
현재에도 실존하는 지명으로, 지금의 시마네(島根) 현 동부지방에 해당한다.

しばらく行くと、小さな家がありました。近づいてみるとその中におじいさんとおばあさんがいて、若い娘を中にして泣いているのです。

不思議に思ったスサノオはたずねました。

「お前たちはなぜ泣いているんだ？」

すると、おじいさんがこちらを向いて答えました。

한참을 가자 작은 집이 있었습니다. 가까이 다가가 보니 집 안에 할아버지와 할머니가 있는데, 어린 딸을 가운데에 두고 울고 있는 것입니다.

이상하게 생각한 스사노오가 물었습니다.

"너희들은 왜 울고 있는 것이냐?"

그러자 할아버지가 이쪽을 보며 대답했습니다.

- しばらく 한참, 잠시
- 近(ちか)づく 접근하다, 다가가다, 다가오다
- 若(わか)い 젊다, 어리다
- ～を中(なか)にして ~을 사이에 두고, ~을 가운데에 놓고
- 泣(な)く (사람이) 울다
- お前(まえ)たち 너희들
- なぜ 왜, 어째서

「私はこの国を治めている山の神の子で、アシナヅチと申します。妻の名はテナヅチ、娘の名はクシナダひめと申します。私には、初め八人の娘がおりました。ところが、遠い北の土地から巨大なやまたのおろちが毎年やって来て、娘を一人ずつ食べてしまいました。今年もまたやまたのおろちがやって来て、最後に残された、たった一人の娘までが食べられてしまうのかと思うと、悲しくて、悲しくて、それで手を取り合って泣いているわけなのです。」

スサノオはさらにたずねます。

"저는 이 나라를 다스리고 있는 산의 신의 아들로, 아시나즈치라고 합니다. 아내의 이름은 테나즈치, 딸의 이름은 쿠시나다히메라고 합니다. 저에게는 원래 여덟 명의 딸이 있었습니다. 그런데 먼 북쪽 땅에서 거대한 야마타노오로치가 매년 찾아와서 딸을 한 명씩 잡아먹어 버렸습니다. 올해도 다시 야마타노오로치가 찾아와서 마지막으로 남겨진 단 한 명의 딸마저도 잡아먹혀 버릴 거란 생각을 하니 너무 슬퍼서, 그래서 손을 맞잡고 울고 있는 것입니다."

스사노오가 거듭 물었습니다.

- ～と申(もう)す ~라고 (말)하다 〈～と言う의 겸양표현〉
- 名(な) 이름 =名前(なまえ)
- ひめ(姫) 신분이 높은 사람의 딸, 여자를 아름답게 이르는 호칭
- おる 있다 〈いる의 겸양어〉
- ところが 그런데, 그러나
- 遠(とお)い 멀다 ↔ 近(ちか)い 가깝다
- 北(きた) 북, 북쪽 〈南(みなみ) 남(쪽) | 東(ひがし) 동(쪽) | 西(にし) 서(쪽)〉
- 土地(とち) 토지, 땅
- ～から ~에서, ~로부터
- 巨大(きょだい)だ 거대하다
- 毎年(まいとし) 매년, 매해 =まいねん
- 今年(ことし) 올해, 금년
- また 또
- 残(のこ)される 남겨지다 〈残す(남기다)의 수동형〉
- たった 단, 딱, 오직
- 悲(かな)しい 슬프다
- 手(て)を取(と)り合(あ)う 서로 손을 잡다, 손을 맞잡다

「そのやまたのおろちというのはどんなやつなんだ？」

「それはおそろしいやつでして、目は真(ま)っ赤(か)なホオズキのようで、一つの体に頭(あたま)が八(やっ)つ、しっぽが八つもあるかいぶつなのです。その胴体(どうたい)は山のようで、杉(すぎ)やヒノキまで生(は)えています。その長(なが)さは、八つの谷(たに)、八つの山(やま)を越(こ)えるほどもあり[33]、その腹(はら)はいつも血(ち)だらけ*で、赤(あか)くただれております。」

- ～というのは ~(이)라는 것은
- やつ 놈, 녀석
- 真(ま)っ赤(か)だ 새빨갛다
- ホオズキ 꽈리
- しっぽ 꼬리
- ～も ~도, ~(이)나
- かいぶつ(怪物) 괴물
- 胴体(どうたい) 몸통
- 杉(すぎ) 삼나무

- ヒノキ 노송나무
- 長(なが)さ 길이 〈長い(길다)의 명사형〉
- 谷(たに) 산골짜기, 계곡
- 山(やま)を越(こ)える 산을 넘다
- いつも 늘, 항상
- 血(ち)だらけ 피투성이
- ただれる 짓무르다
- ～ておる ~(해)져 있다, ~(하)고 있다

"그 야마타노오로치란 녀석은 어떤 놈이냐?"

"그 녀석은 무서운 놈으로, 눈은 새빨간 꽈리와 같고 하나의 몸에 머리가 여덟 개, 꼬리가 여덟 개나 있는 괴물입니다. 그 몸통은 산과 같아서 삼나무나 노송나무까지 자라 있습니다. 그 길이는 여덟 개의 골짜기, 여덟 개의 산을 넘을 정도나 되고 그 배는 언제나 피투성이로 빨갛게 짓물러 있습니다."

---

33 ～もある ～나 되다, ～정도 되다 [명사+もある]

여기서의 ある는 '그 만한 수량이 되다, 무게가 나가다'란 뜻으로, 거리 · 길이 · 높이 · 무게 등을 나타낼 때 쓰는 표현으로, 정도가 매우 큰 것을 나타낸다.

この機械(きかい)は重(おも)さが100キロもあります。
이 기계는 무게가 100킬로그램이나 됩니다.

*** ～だらけ ～투성이**

명사 뒤에 붙어서 보통 부정적인 의미로 쓰인다.

傷(きず)だらけ 상처투성이　　どろだらけ 흙투성이
借金(しゃっきん)だらけ 빚투성이　　ゴミだらけ 쓰레기투성이

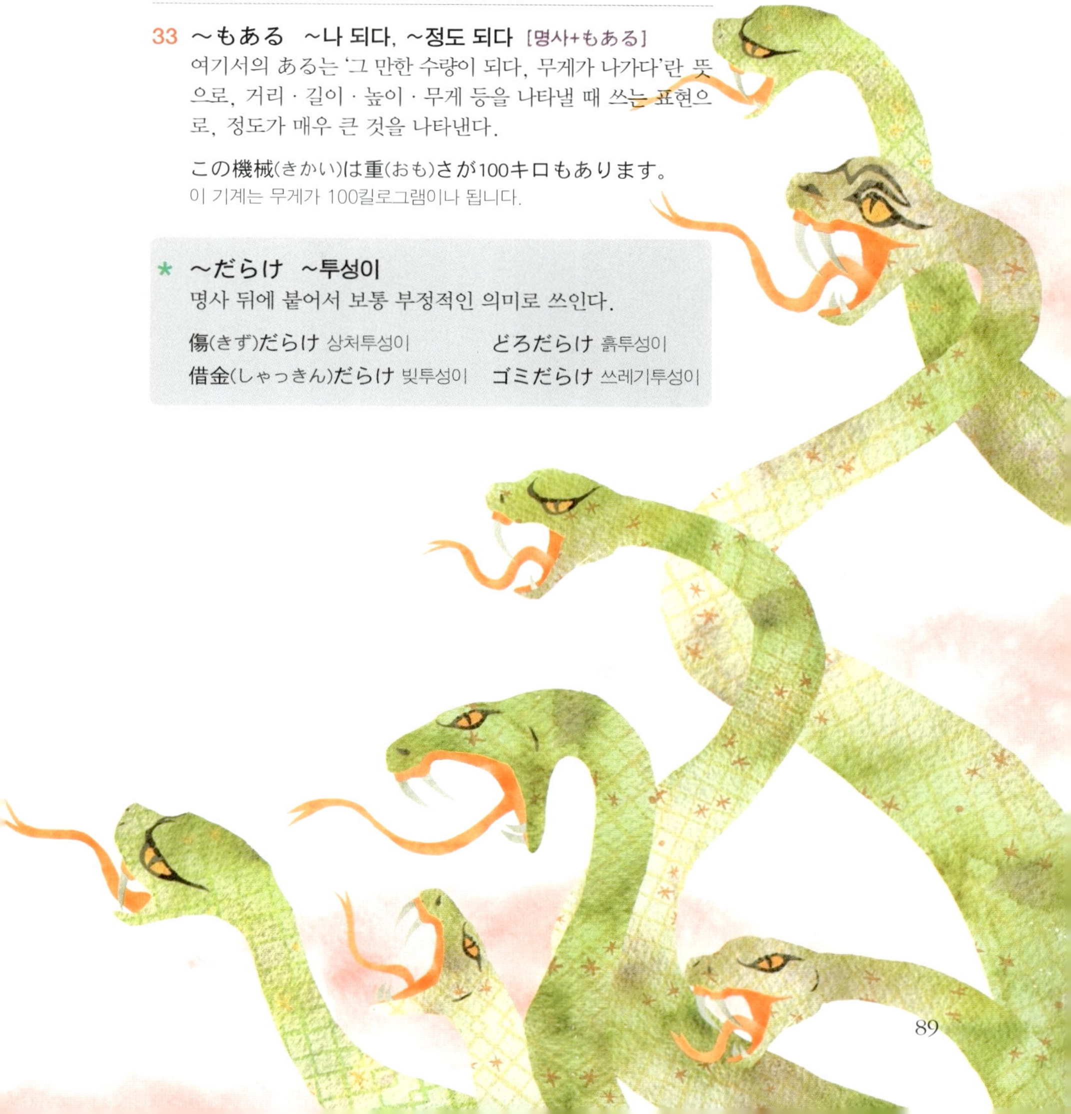

スサノオは武者(むしゃ)ぶるい*をして、言いました。

「よし、私がそのおろちを退治(たいじ)してあげよう。その代(か)わり、この娘を私にくれるだろうか。」

「いやだとは申(もう)しませんが、あなた様(さま)のお名前(なまえ)はなんとおっしゃいますか。」

「私はアマテラスオオミカミの弟(おとうと)、スサノオのみこと。ちょうど今(いま)、天の国から地の国へと降(お)りてきたところだ[34]。」

- よし 좋아, 그래 〈어떤 행동을 시작할 때 기운 내서 잘해 보자는 뜻으로 혼잣말처럼 하는 말〉
- おろち(大蛇) 큰뱀, 구렁이, 이무기
- 退治(たいじ)する 퇴치하다, 없애다
- ～てあげる (내가 남에게, 남이 남에게 뭔가를) ~해 주다
- くれる (남이 나에게) 주다
- いやだ 싫다
- ～とは ~라고는
- お名前(なまえ) 이름, 성함 〈お는 존경어〉
- なんと 뭐라고
- おっしゃる 말씀하시다 〈言う의 존경어〉
- ちょうど今(いま) 때마침, 지금 막
- 降(お)りてくる 내려오다

스사노오는 흥분해서 몸을 부르르 떨며 말했습니다.

“좋다, 내가 그 구렁이를 퇴치해 주지. 그 대신 자네 딸을 나에게 주겠는가?”

“싫다고는 하지 않겠습니다만, 당신의 성함은 어떻게 되십니까?”

“나는 아마테라스오오미카미의 남동생 스사노오노미코토다. 지금 막 하늘나라에서 지상의 나라로 내려온 참이다.”

34 ~たところだ 막 ~한 참이다 [동사 た형+ところだ]

어떤 행동이나 상황이 방금 막 완료되었음을 나타낸다.

今(いま)ごはんを食(た)べたところです。
지금 막 밥을 먹은 참입니다.

★ 武者ぶるい

‘무사가 전투나 중대사를 앞두고 마음이 흥분되어 몸이 가늘게 떨리는 것’을 뜻한다. 武者(무사)에 ふるう(떨리다)의 명사형 ふるい가 합쳐져 된 말로, 다른 말에 결합되어 하나의 단어가 될 때 뒤에 오는 말이 탁음으로 변하는 현상에 따라 ぶるい가 되었다.

　これを聞いて老夫婦はびっくりして、
　「そんなごりっぱな方とは存じませんで、失礼いたしました。娘は喜んでさしあげます。」
と言いました。
　さっそく、スサノオは、クシナダをくしに変えて、自分のかみにさしました。こうしておけば、ひめはやまたのおろちに食べられる心配はないわけです。そして、老夫婦にこう命じました。

이 말을 듣고 노부부는 깜짝 놀라,

"그런 훌륭한 분인 줄 몰라 뵈어 실례했습니다. 딸은 기꺼이 드리겠습니다." 라고 말했습니다.

스사노오는 곧바로 쿠시나다를 빗으로 바꿔서 자기 머리에 꽂았습니다. 이렇게 해 두면 쿠시나다는 야마타노오로치에게 잡아 먹힐 염려는 없기 때문입니다. 그리고 나서 노부부에게 이렇게 명령했습니다.

- 老夫婦(ろうふうふ) 노부부
- びっくりする 깜짝 놀라다
- 存(ぞん)じる 알다 〈知(し)る의 겸양어〉
- 失礼(しつれい)する 실례하다
- いたす 하다 〈する의 겸양어〉
- 喜(よろこ)んで 기꺼이
- さしあげる 드리다, 바치다 〈あげる(주다)의 높임말〉
- 変(か)える 바꾸다, 변화시키다
- 心配(しんぱい) 걱정, 근심

「まず、一口飲んでもすぐによっぱらうほどの、強い酒を作れ。それから、家の周りにがんじょうなかき根を張り、八つの門を開けるのだ。そして、その内側に台を作って、一つずつ酒だるをのせるんだ。その八つの酒だるに、作った強い酒を入れて、お前たちはかくれておけ。」

おじいさんとおばあさんは、命令の通り[35]、準備をととのえ、やまたのおろちが来るのを待ちました。

- 一口(ひとくち) 한 입, 한 모금
- ~ても(でも) ~해도
- すぐに 곧, 바로
- よっぱらう(酔っ払う) 술에 취하다
- 強(つよ)い 강하다, 세다
- 酒(さけ) 술
- がんじょうだ(頑丈だ) 견고하다, 단단하다
- かき根(ね) 울타리
- 張(は)る 치다, 펴다, 펼치다
- 門(もん)を開(あ)ける 문을 만들다 〈開ける (공간, 간격, 구멍 등을) 만들다〉
- 内側(うちがわ) 안쪽 ↔ 外側(そとがわ) 바깥쪽
- 酒(さか)だる 술통
- のせる(載せる) 올리다, 얹다, 싣다

"먼저, 한 모금만 마셔도 바로 취할 정도로 독한 술을 만들어라. 그리고 나서 집 주위에 튼튼한 울타리를 치고 여덟 개의 문을 만들어라. 그리고 문 안쪽에 받침대를 만들고 술통을 한 개씩 올려놓아라. 그 여덟 개의 술통에 만든 독한 술을 넣고 너희들은 숨어 있거라."

할아버지와 할머니는 명령대로 준비를 갖추고 야마타노오로치가 오기를 기다렸습니다.

35 ～通り ～대로 [동사 기본형 · た형, 명사の+とおり | 명사+どおり]
앞에 오는 말을 있는 그대로의 모습으로 따라서 유지한다는 뜻을 나타낸다. ～通りに의 형태로도 쓴다.

指示(しじ)の通(とお)り、報告書(ほうこくしょ)を書(か)きます。
지시대로 보고서를 쓰겠습니다.

やがて、ものすごい地(じ)ひびきがして、話(はなし)に聞(き)いたよりもっとおそろしげな*おろちが、真(ま)っ赤(か)なホオズキのような目を光(ひか)らせ、コケのむした胴体(どうたい)をくねらせながら、垣根(かきね)の向(む)こう側(がわ)に現(あらわ)れました。おろちは酒(さけ)のにおいに引(ひ)きつけられて、八つの頭を八つの門(もん)につっこんで、その中にある酒(さか)だるの酒(さけ)をぺちゃぺちゃと飲(の)み始(はじ)めました。しばらくすると、おろちはよっぱらって、頭の一つ一つが次々(つぎつぎ)と地面(じめん)に横(よこ)になって、とうとう八つとも、高(たか)いいびきをかいてねむってしまいました。

- やがて 곧, 이윽고
- ものすごい 굉장하다, 엄청나다
- 地(じ)ひびき 땅의 울림
- 話(はなし) 이야기
- 目(め)を光(ひか)らせる 눈을 번득이다
- コケ 이끼 〈コケがむす 이끼가 끼다〉
- くねらせる 구불거리다
- 向(む)こう側(がわ) 건너편
- におい 냄새
- ～に引(ひ)きつけられる ~에 사로잡히다 〈引きつける 끌다, 끌어당기다, 유혹하다〉
- つっこむ(突っ込む) 찔러 넣다
- ぺちゃぺちゃ 물기가 많은 음식을 먹는 모양이나 또 그때 나는 소리, 홀짝홀짝, 할짝할짝
- 地面(じめん) 지면, 땅
- 横(よこ)になる 눕다
- ～とも ~모두, ~다
- いびきをかく 코를 골다
- ねむる(眠る) 잠들다

이윽고 땅이 엄청나게 울리고 말로 듣던 것보다 훨씬 더 무서워 보이는 구렁이가 새빨간 꽈리와 같은 눈을 번득이며 이끼가 낀 몸통을 구불거리면서 울타리 건너편에 나타났습니다. 구렁이는 술 냄새에 이끌려 여덟 개의 머리를 여덟 개의 문으로 집어넣고 문 안쪽에 놓아둔 술통의 술을 홀짝홀짝 마시기 시작했습니다. 잠시 후 구렁이는 술에 취해서 머리가 하나 하나 차례로 땅바닥에 눕게 되고 마침내 여덟 개 모두 심하게 코를 골며 잠들어 버렸습니다.

* **〜げ**(気)

동사 ます형, い형용사·な형용사 어간에 붙어 な형용사와 명사를 만든다. 주로 〜げに(~듯이, ~해 보이게, ~스럽게), 〜げな(~듯한, ~해 보이는, ~스러운)의 형태로 많이 쓰인다.

意味(いみ)ありげな表情(ひょうじょう) 의미심장한 표정

寂(さび)しげな顔(かお) 외로워 보이는 얼굴

満足(まんぞく)げに 만족스러운 듯이

さあ、そこでスサノオは、腰(こし)につるしたつるぎを引(ひ)き抜(ぬ)くと、八つある頭を一つずつ切(き)り落(お)としていきました。一つの頭が切り落とされるたびに 36
おびただしい血(ち)をはき出(だ)して、すさまじい悲鳴(ひめい)をあげながら、おろちはばらばらに切り捨てられていったのです。

スサノオはさらに、胴体を切(き)りさいて、八つあるしっぽをはしから切(き)っていくうちに、真(ま)ん中(なか)辺(へん)のしっぽで、手にしたつるぎがぽきっと折(お)れました。

- さあ 자, 그럼
- 腰(こし)につるす 허리에 차다(매다)
- 引(ひ)き抜(ぬ)く 뽑아내다
- 切(き)り落(お)とす 잘라내다
- おびただしい 엄청나다, 굉장하다
- 血(ち) 피
- はき出(だ)す 토해 내다 〈はく 토하다〉
- すさまじい 굉장하다, 어마어마하다, 섬뜩하다, 무시무시하다
- 悲鳴(ひめい)をあげる 비명을 지르다
- ばらばらに 뿔뿔이, 제각기
- 切(き)り捨(す)てる 잘라 버리다, 베어 버리다
- 切(き)りさく 베어 가르다, 잘라 흩어지게 하다
- 切(き)る 자르다, 베다
- 辺(へん) 부근, 근처
- 手(て)にする 손에 들다
- ぽきっと 뚝
- 折(お)れる 부러지다, 꺾이다 〈折る 접다, 굽히다, 꺾다〉

자, 그래서 스사노오는 허리에 찬 칼을 뽑아 들고 여덟 개의 머리를 하나씩 잘라내 갔습니다. 한 개의 머리가 잘려질 때마다 엄청난 피를 뿜으며 무시무시한 비명을 지르면서 구렁이는 뿔뿔이 잘라 흩어져 갔습니다.

스사노오는 또다시 몸통을 가르고 여덟 개의 꼬리를 끄트머리 것부터 잘라 가는 중에 한가운데 쯤의 꼬리에서 손에 든 칼이 뚝 하고 부러졌습니다.

---

36 ~たびに ~(할) 때마다, ~(할) 적마다 [동사 기본형+たびに]

어떤 행동의 빈도가 규칙적이고 반복적으로 일어나는 경우에 쓴다.

この歌(うた)は聞(き)くたびに涙(なみだ)が出(で)ます。

이 노래는 들을 때마다 눈물이 납니다.

不思議に思ったスサノオが、そのしっぽを切りさいてみると、その中から、りっぱなつるぎが出(で)てきました。

それがあまりに見事(みごと)な物(もの)ですから、スサノオはアマテラスオオミカミへのおくり物(もの)にしました。

これこそ、後(のち)に大和(やまと)朝廷(ちょうてい)*に伝(つた)えられる「草(くさ)なぎのつるぎ*」なのです。

- あまりに 너무나 〈あまりにも 너무나도〉
- ～へ ~(에)게
- おくり物(もの)(贈り物) 선물
- ～にする ~(으)로 하다, ~(으)로 삼다
- これこそ 이거야말로
- 後(のち)に 나중에, 후에
- ～に伝(つた)えられる ~에 전해져 오다, ~에 물려져 오다 〈伝える 전하다, 물려주다, 전수하다〉

이상하게 생각한 스사노오가 그 꼬리를 갈라 보았더니 그 안에서 멋진 칼이 나왔습니다.

그것이 너무나도 훌륭한 것이라 스사노오는 아마테라스오오미카미에게 선물로 바쳤습니다.

이것이 바로 후에 야마토 정권에 전해져 내려오는 '쿠사나기의 검'입니다.

*** 大和朝廷**

지금의 奈良(なら) 현에 해당하는 大和(やまと) 지방에 있었던 일본 최초의 고대 정권을 말한다.

*** 草なぎのつるぎ**

일본 왕실의 증표로 전해오고 있는 세 가지 神器(じんぎ) 중 하나로, 이 밖에 やたの鏡(かがみ)(야타의 거울)와 やさかにのまが玉(たま)(야사카니의 곡옥)가 있다.

こうして、めでたくヤマタノオロチを退治(たいじ)したスサノオは、新(あたら)しい宮殿(きゅうでん)を建(た)て、クシナダひめと結婚(けっこん)して、子どもを作って、幸(しあわ)せに暮(く)らしました。その六代目(ろくだいめ)の子孫(しそん)に当(あ)たるのが、オオクニヌシノカミです。

なお、スサノオは、後(のち)に、初(はじ)めの望(のぞ)み通(どお)り、お母(かあ)さんの国(くに)である、よみの国に住む*こととなり、このオオクニヌシと対決(たいけつ)することとなるのです。

- めでたい 경사스럽다, 축복스럽다, 훌륭하다
- 宮殿(きゅうでん) 궁전
- 結婚(けっこん)する 결혼하다
- 幸(しあわ)せだ 행복하다
- 暮(く)らす 살다, 생활하다
- 子孫(しそん) 자손
- ～に当(あ)たる ~에 해당하다, ~에 대응하다, ~관계가 된다 〈私の上司(じょうし)に当たる人(ひと) 내 상사가 되는 사람〉
- なお 또한, 한편
- 望(のぞ)み 바람, 희망
- 対決(たいけつ)する 대결하다

이렇게 해서 멋지게 야마타노오로치를 퇴치한 스사노오는 새로운 궁전을 짓고 쿠시나다히메와 결혼하여 아기를 낳고 행복하게 살았습니다. 그 6대째 자손에 해당하는 것이 오오쿠니누시노카미입니다.

또한, 스사노오는 후에 처음 바람대로 어머니의 나라인 황천에서 살게 되며, 이 오오쿠니누시와 대결하게 됩니다.

*** 住む와 暮らす**

住(す)む는 앞에 주거지와 관련된 말, 즉 주소나 동네 등이 와서 사는 곳을 나타낼 때 쓰고, 暮(く)らす는 생활과 직접적으로 관련된 말, 즉 부유하거나 빈곤한 것, 행복하거나 불행한 것 등이 와서 어떻게 살고 있는지를 나타낸다.

CHECK UP

지금까지 익힌 표현들을 모았습니다. 내용을 상기하면서 풀어보기 바랍니다.

1 다음 중 본문의 내용과 일치하면 ○표, 일치하지 않으면 ×표를 하세요.

❶ スサノオが乱暴したために、アマテラスは天の岩屋に入って出てこなくなった。(　　　)

❷ アメノウズメの踊りを見るために、アマテラスは自分から天の岩屋を出てきた。(　　　)

❸ やまたのおろちは、お酒によっぱらって、スサノオに退治された。(　　　)

❹ やまたのおろちの胴体からつるぎが出てきた。(　　　)

2 다음 [보기]에서 알맞은 말을 골라 문장을 완성하세요.

보기	～もある	～わけだ	～ところだ	～に当たる

❶ 今、家に帰った(　　　　　　　　　　　　)。

지금 막 집에 돌아온 참이다.

❷ 彼は私(わたし)のおじ(　　　　　　　　　　　　)。

그는 내 삼촌이다.

❸ 彼は背が２メートル(　　　　　　　　　　　　)。

그는 키가 2 미터나 된다.

❹ それで、日本に来た(　　　　　　　　　　　　)。

그래서 일본에 온 것이다.

3 다음 [　　] 안의 표현을 넣어 문장을 바꾸어 보세요.

❶ 先生のかばんを持つ。[お～する]

→

❷ いろいろ教えてくれてありがとう。[お～くださる]

→

❸ 社長(しゃちょう)がビールを飲む。[お～になる]

→

4 [　　] 안의 말을 넣어 일본어로 옮겨 보세요.

❶ 구두를 신은 채 방에 들어가면 안 됩니다. [～たまま、～てはいけない]

→

❷ 아무리 공부해도 잘하게 되지 않습니다. [いくら～ても、上手(じょうず)だ]

→

❸ 한국에 갈 때마다 불고기를 먹습니다. [たびに、焼肉(やきにく)]

→

❹ 주말에는 영화를 보기도 하고 책을 읽기도 합니다.
[週末(しゅうまつ)、映画(えいが)、～たり～たり]

→

六、オオクニヌシといなば*の白うさぎ

オオクニヌシには、お母さんが違う兄弟の神々が、八十人もいました。この兄弟たちはみな意地悪で、初めのうちは[37]、オオクニヌシを何かといってはいじめたのですが、しまいには家来になって、国を治める仕事をこの神に任せました。それは次のような次第です。

- うさぎ 토끼
- 違(ちが)う 다르다
- 兄弟(きょうだい) 형제
- みな 모두, 여러분 =みんな
- 意地悪(いじわる)だ 심술궂다, 심술이 고약하다 〈意地悪 심술쟁이〉
- 何(なに)かといっては 툭하면, 걸핏하면 = 何かというと
- いじめる 괴롭히다, 못살게 굴다
- しまい 끝, 마지막
- 家来(けらい) 종자, 하인, 신하
- 任(まか)せる 맡기다
- 次第(しだい) 사정, 경과, 순서

오오쿠니누시에게는 어머니가 다른 형제 신들이 80명이나 있었습니다. 이 형제들은 모두 다 심술궂어 처음에는 오오쿠니누시를 툭하면 괴롭혔습니다만, 마지막에는 신하로 삼아 나라를 다스리는 일을 이 신에게 맡겼습니다. 그 경위는 다음과 같습니다.

37 ～うちは ~인 동안은, ~일 때는

[동사 기본형 · ている형 · 부정형, い형용사 기본형, な형용사な, 명사の+うちは]

어떤 상태가 바뀌지 않고 아직 계속되고 있음을 나타내는데, 그 상태가 끝나고 나서의 상태와 비교하는 경우에 많이 쓴다.

学生(がくせい)のうちは、しっかり勉強(べんきょう)しておきなさい。
학생일 때에는 착실하게 공부해 두세요.

＊ いなば

옛날 일본의 지방 행정 구분이었던 国(くに) 중 하나로, 지금의 鳥取(とっとり) 현 동부지방에 해당하는 곳이다.

この兄弟たちにとって[38]、いなばの国に住むヤカミひめは、評判の美しい人でしたから、誰もがお嫁さんにもらいたいと考えていました。そこで一同が連れだって、出雲の国からいなばの国へと、ヤカミひめに会いにいくことになりました。自分のことしか考えない兄弟の神々は、おとなしいオオクニヌシに自分たちの荷物を背負わせ、家来のようにしていなばへ連れていきました。

- 評判(ひょうばん) 평판, 소문남, 유명함
- 誰(だれ)もが 누구든지
- 嫁 며느리, 신부 〈お嫁(よめ)さんにもらう 아내(며느리)를 맞이하다〉
- 考(かんが)える 생각하다
- 一同(いちどう) 일동, 전체
- 連(つ)れだつ 함께 가다, 동행하다
- ～へ ~로 〈일이나 행동의 끝이 되는 도착점이나 목적지를 나타냄〉
- 自分(じぶん) 자기, 자신
- 荷物(にもつ) 짐
- 背負(せお)わせる 짊어지우다 〈背負う(짊어지다)의 사역형〉
- 連(つ)れる 데리고 가다, 동반하다

이 형제들에게 있어 이나바국에 사는 야카미히메는 소문난 미인이었기 때문에, 누구나 아내로 삼고 싶어 했습니다. 그래서 일동이 동행하여 이즈모국에서 이나바국으로 야카미히메를 만나러 가게 되었습니다. 자신밖에 생각하지 않는 형제 신들은 온순한 오오쿠니누시에게 자기들의 짐을 짊어지게 하여 신하처럼 취급하며 이나바로 데리고 갔습니다.

38 ～にとって ～에게 있어서, ～의 입장에서 보면 [명사+にとって]

사람이나 조직을 나타내는 말에 붙어 '～입장에서 보면'이라는 뜻을 나타낸다. 뒤에 주로 평가를 나타내는 말이 온다.

僕(ぼく)にとって彼女(かのじょ)は運命(うんめい)の人(ひと)です。
나에게 있어서 그녀는 운명적인 사람입니다.

　こうして一行(いっこう)が、気多(けた)の岬(みさき)という所(ところ)まで来(き)た時のことです。皮(かわ)をはがれた、裸(はだか)のうさぎが一(いっ)ぴき、かわいそうに海岸(かいがん)でふるえていました。すると意地(いじ)の悪(わる)い兄弟たちは、うさぎに向(む)かって、

「おい、うさぎ、なんてみじめな格好(かっこう)をしているんだ？ もしお前(まえ)がもと通(どお)り、毛皮(けがわ)のある体(からだ)になりたいのなら、まず海(うみ)の水(みず)で体を洗(あら)い、風(かぜ)のある所でかわかして、高(たか)い山(やま)のてっぺんで寝(ね)ていれば、すぐに治(なお)るぞ。」

と、教(おし)えました。

- 一行(いっこう) 일행, 무리
- 気多(けた) 케타 〈옛 지명〉
- 岬(みさき) 곶
- 皮(かわ) 가죽
- はがれる 벗겨지다 〈はぐ(벗기다)의 수동형〉
- 裸(はだか) 벌거숭이, 알몸, 나체
- かわいそうだ 불쌍하다
- 海岸(かいがん) 해안
- ふるえる(震える) 떨다, 흔들리다
- おい 이봐, 어이, 야 〈누군가를 부를 때 쓰는 말로, 주로 친한 사이이거나 아랫사람에게 씀〉
- みじめだ 비참하다
- 格好(かっこう) (겉으로 보이는) 모습, 모양, 외모 〈格好をする 모습을 하다, 모양을 하다〉
- もし 만일, 만약
- もと通(どお)り 원래대로
- 毛皮(けがわ) 털가죽, 모피
- かわかす(乾かす) 말리다
- 治(なお)る 낫다, 고쳐지다
- ～ぞ ～거야, ～테다 〈말이나 행동을 강조하거나 다짐할 때 쓰는 말로, 주로 남자들이 씀〉

이렇게 해서 일행이 케타곶이라는 곳까지 왔을 때의 일입니다. 가죽이 벗겨진 벌거숭이 토끼 한 마리가 불쌍하게 해안에서 떨고 있었습니다. 그러자, 심술궂은 형제들은 토끼를 향해서,

"이봐, 토끼야! 왜 그런 비참한 모습을 하고 있는 게냐? 만약 네가 원래대로 털가죽이 있는 몸이 되고 싶다면 먼저 바닷물로 몸을 씻고 바람이 부는 곳에서 말리고 높은 산꼭대기에 누워 있으면 금방 나을 거야."

라고 알려주었습니다.

*** ～ひき(匹) ～마리(작은 동물을 세는 조수사)**

いっぴき 한 마리	にひき 두 마리	さんびき 세 마리
よんひき 네 마리	ごひき 다섯 마리	ろっぴき 여섯 마리
ななひき 일곱 마리	はっぴき 여덟 마리	きゅうひき 아홉 마리
じっぴき・じゅっぴき 열 마리		なんびき 몇 마리

うさぎはそれを聞いて、すっかり真(ま)に受(う)け、兄弟の神々に教えられた通(とお)りにして、喜(よろこ)んで寝ていました。

ところが、体を洗った塩水(しおみず)がかわいてくるにつれ[39]、赤(あか)はだかの体(からだ)に風(かぜ)が当(あ)たって、ひりひりとしみます。その痛(いた)いこと、苦(くる)しいこと、今(いま)にも死(し)にそうな[40]声(こえ)をあげて、山のてっぺんから転(ころ)がり落(お)ち、海岸(かいがん)でいつまでも泣(な)いていました。

そこへ通(とお)りかかったのが、一番(いちばん)おしまいにやって来た、心の優(やさ)しいオオクニヌシです。

- 真(ま)に受(う)ける　곧이 듣다, 정말이라고 받아들이다
- 塩水(しおみず)　소금물 <여기서는 바닷물을 가리킴>
- かわく(乾く)　마르다
- 赤(あか)はだか　벌거숭이, (새 · 짐승 등의) 털이 뽑힌 알몸
- 風(かぜ)が当(あ)たる　바람이 닿다
- ひりひりと　뭔가에 찔리거나 닿아서 아픈 모양, 따끔따끔, 얼얼
- しみる　아리다, 배다, 번지다
- 痛(いた)い　아프다
- 苦(くる)しい　괴롭다, 고통스럽다
- 今(いま)にも　지금이라도, 금방이라도
- 声(こえ)をあげる　소리를 높이다, 소리치다
- 転(ころ)がり落(お)ちる　굴러 떨어지다
- いつまでも　언제까지나, 계속
- 通(とお)りかかる　마침 (길을) 지나가다, 지나쳐가다
- 優(やさ)しい　다정하다, 상냥하다

토끼는 그 말을 듣고 완전히 정말이라고 받아들여, 형제 신들이 알려준 대로 하고 기뻐하며 누워 있었습니다.

그런데 몸을 씻은 소금물이 말라감에 따라 벌거숭이 몸에 바람이 닿아 따끔따끔 아립니다. 그 고통이란! 괴로움이란! 금방이라도 죽을 것만 같은 소리를 내며 산꼭대기에서 굴러 떨어져 해안에서 하염없이 울고 있었습니다.

마침 그곳을 지나가던 사람이 가장 마지막으로 온 마음씨 고운 오오쿠니누시입니다.

39 ~につれて ~(함)에 따라 [동사 기본형, 명사+につれて]

앞문장의 내용에 따라 뒷문장의 내용도 함께 바뀌는 비례 관계를 나타낸다.

背(せ)が高(たか)くなるにつれて、体重(たいじゅう)も増(ふ)えた。
키가 커짐에 따라 몸무게도 늘었다.

40 ~そうだ ~일 것 같다, ~할 것 같다

[동사 ます형, い형용사·な형용사 어간+そうだ]

말하는 이가 직접 보고 듣고 느낀 것을 주관적인 판단에 의하여 추측할 때 쓴다.

彼(かれ)はいつも苦(くる)しそうな顔(かお)をしている。
그는 항상 괴로운 듯한 얼굴을 하고 있다.

「どうしてそんなに泣いているんだ、うさぎさん。わけを話してごらん。」

うさぎは泣きながら答えて言いました。

「私は、向(む)こうに見える隠岐(おき)の島(しま)*に住んでいたうさぎです。島にいても、なんとかこの土地(とち)へ渡(わた)ってきたいと、日(ひ)ごろ考えていたのですが、泳(およ)ぎの方(ほう)はさっぱりだめなのです。すると名案(めいあん)がうかびました。つまり、海にいるサメのやつをだましてやろう、と気(き)がついたのです。

- □ わけ 이유, 원인
- □ ~てごらん ~해 보렴 〈존경형의 형태이지만 손아랫사람이나 친한 사이에 씀〉
- □ 見(み)える 보이다
- □ 島(しま) 섬
- □ なんとか 어떻게든
- □ 土地(とち) 토지, 땅
- □ 渡(わた)る 건너다, 건너오다
- □ 日(ひ)ごろ 평소
- □ 泳(およ)ぎ 헤엄, 수영 〈泳ぐ 헤엄치다, 수영하다〉
- □ さっぱり (항상 뒤에 부정표현이 와서) 전혀, 완전히
- □ だめだ 안 된다, 못 한다, 불가능하다
- □ 名案(めいあん) 명안, 좋은 생각
- □ うかぶ(浮かぶ) (머릿속에) 떠오르다, 뜨다
- □ つまり 즉, 결국
- □ サメ 상어
- □ だます 속이다
- □ 気(き)がつく 생각이 들다, 생각이 미치다

"왜 그렇게 울고 있는 거니? 토끼야! 이유를 말해 보렴."
토끼는 울면서 대답했습니다.
"저는 건너편에 보이는 오키노시마에 살던 토끼입니다. 섬에 있어도 어떻게든 이 땅으로 건너오고 싶다고 평소에 생각하고 있었지만, 헤엄을 전혀 못 칩니다. 그러자 좋은 생각이 떠올랐습니다. 즉, 바다에 있는 상어 녀석을 속이자란 생각이 든 것입니다.

★ 隠岐の島
옛날 일본의 지방 행정 구분이었던 国(くに) 중 하나로, 지금의 島根(しまね) 현 북부지방에 해당한다. 현재는 隠岐諸島(おきしょとう)라고 칭한다.

そこで、――お前たちサメ族と、私たちうさぎ族と、どっちの方が数が多いか、比べてみようじゃないか。それには、お前たちサメ族が、この島から気多の岬まで、ずらっと一列に並んでごらん。私が背中を一つずつふんでいき、数を数えてあげるから。そうすればサメ族とうさぎ族と、どっちが多いか分かるだろう。――このように言ってやりますと、サメはだまされて、波の上に一列に並びました。私はその背中をふんで、数を数えながら海を渡って、もう一息でこっちの地面に着くという間際に、――ほうら、お前たちをだましてやったぞ！

그래서 —— 너희들 상어족과 우리들 토끼족 중에서 어느 쪽이 수가 많은지 비교해 보지 않을래? 그렇게 하려면 너희들 상어족이 이 섬에서 케타곶까지 일렬로 쭉 나란히 서 보렴. 내가 등을 하나씩 밟아가며 수를 세어 줄 테니까. 그렇게 하면 상어족과 토끼족 중에서 어느 쪽이 많은지 알 수 있을 거야. —— 이렇게 말했더니 상어는 속아넘어가서 파도 위에 일렬로 나란히 섰습니다. 저는 그 등을 밟아 수를 세면서 바다를 건너 이제 조금만 더 가면 이쪽 땅에 닿을 직전에, ——"이봐, 내가 너희들을 속였다고"

- 族(ぞく) 족, 종족
- どっち 어느 쪽 〈どちら의 회화체 줄임말〉
- 数(かず) 수
- 比(くら)べる 비교하다
- ~(よ)うじゃないか ~(하)지 않을래? 〈상대방에게 강한 권유를 나타내므로 주로 남성이 사용하고, 여성은 ~ましょう를 씀〉
- それには 그렇게 하려면, 그러기 위해서는
- ~から~まで ~부터 ~까지
- ずらっと 길게 늘어선 모양, 쭉
- 一列(いちれつ) 일렬, 한줄
- 並(なら)ぶ 늘어서다, 나란히 서다
- 背中(せなか) 등
- ふむ(踏む) (발로) 밟다
- 数(かぞ)える 수를 세다
- だまされる 속다 〈だます(속이다)의 수동형〉
- 波(なみ) 파도, 물결
- 一息(ひといき) (한 번 호흡할 정도의) 짧은 시간, 잠깐
- 着(つ)く 닿다, 도착하다
- 間際(まぎわ)に 직전에, 바로 앞에서
- ほうら 이봐, 자, 저기 말이야 =ほら

——とつい口(くち)にしてしまいました。そうすると、私が言い終(お)わらないうちに[41]、一番こっちのはしにいたサメのやつが、首(くび)を起(お)こして私を捕(つか)まえ、私の体の毛皮(けがわ)をすっかりはぎとってしまったのです。それで泣いているところに[42]、あなたの兄弟の八十人もの神様(かみさま)が、海の水を浴(あ)びて、風に吹かれて寝ていれば治ると、教えてくださったものですから、その通(とお)りにしてみたら、体中(からだじゅう)*が前(まえ)よりもひどくなって、苦しくてしかたがないので、こうして泣いているのです。」

オオクニヌシはそれを聞くと、さっそく親切(しんせつ)に教えてやりました。

- つい 그만, 무심코
- 口(くち)にする 말하다
- 言(い)い終(お)わる 말을 끝내다, 말을 다하다
- 首(くび)を起(お)こす 목을 들다, 고개를 들다
- 捕(つか)まえる 잡다, 붙잡다, 꽉 잡다
- はぎとる 벗겨 내다, 떼어 내다
- 浴(あ)びる 뒤집어쓰다, 끼얹다, (햇볕 등을) 쬐다 〈シャワーを浴びる 샤워를 하다〉
- 風(かぜ)に吹(ふ)かれる 바람을 쐬다
- ～ものだから ~(으)니까, ~때문에
- 体中(からだじゅう) 온몸
- ～よりも ~보다도 〈비교를 나타냄〉
- ～てしかたがない ~(해)서 견딜 수가 없다, ~해서 어쩔 수가 없다

── 라고 그만 말해 버렸습니다. 그랬더니, 제 말이 끝나기도 전에 가장 이쪽 끝머리에 있던 상어 녀석이 고개를 들어 저를 붙잡아 제 몸의 털가죽을 완전히 벗겨 버렸던 것입니다. 그래서 울고 있는 참에, 당신의 형제인 80명이나 되는 신들이 바닷물로 목욕을 하고 바람을 쐬면서 누워 있으면 낫는다고 가르쳐 주셨기 때문에 그 말대로 해 봤더니 온몸이 전보다도 심해져 고통스러워서 참을 수가 없어서 이렇게 울고 있는 것입니다."

오오쿠니누시는 그 말을 듣자 바로 친절하게 가르쳐 주었습니다.

41 ～ないうちに ～(하)지 않는 동안에, ～하기 전에 [동사 ない형+ないうちに]

～하지 않는 상태가 지속되고 있는 동안에 어떤 행동을 하는 것을 나타낸다.

日(ひ)が暮(く)れないうちに、家(いえ)に帰(かえ)りました。
해가 저물기 전에 집에 돌아왔습니다.

42 ～ているところに ～(하)고 있는 참에, (마침) ～(하)고 있는 중에
[동사 て형+いるところに]

어떤 상황이 진행되고 있는 도중 상황을 변화 · 변경시키는 일이 발생하는 경우에 쓴다.

私が困(こま)っているところに、彼(かれ)が助(たす)けてくれた。
내가 곤란해 하고 있는 참에 그 사람이 도와주었다.

* **～中(じゅう) ～내내, 온～**

一日中(いちにちじゅう) 하루 종일　　町中(まちじゅう) 온 동네

～中(ちゅう) ～하는 중

勉強中(べんきょうちゅう) 공부 중　　会議中(かいぎちゅう) 회의 중

「それはかわいそうに。さあ早(はや)く、川の水が海に流(なが)れこんでいる所まで行って、真水(まみず)で体をよく洗(あら)い清(きよ)めなさい。それから、辺(あた)りに生(は)えているガマの花(はな)の黄色(きいろ)い花粉(かふん)を取(と)ってきて、それを地面にまき散(ち)らして、その上をごろごろ転(ころ)がってみてごらん。体のきずが、きっともと通(どお)りに治るだろうから。」

うさぎは教えられた通(とお)りにやってみました。そうすると、毛皮のある、きれいな体になりました。

これがいなばの白(しろ)うさぎで、今でもうさぎ神(がみ)と呼(よ)ばれています。

- それは 정말, 참으로, 매우 〈감동의 뜻을 담아 강조할 때 씀〉
- 早(はや)く 빨리 〈시간적으로 이른 것을 말함〉
- 流(なが)れこむ 흘러 들어오다
- 真水(まみず) 민물, 담수
- 辺(あた)り 주변, 근처
- ガマ 부들, 향포 〈지혈 작용이 있음〉
- 花粉(かふん) 꽃가루

- まき散(ち)らす 흩뿌리다
- ごろごろ 데굴데굴
- 転(ころ)がる 구르다
- きず 상처
- きっと 반드시, 분명히, 꼭
- 今(いま)でも 지금도
- ～と呼(よ)ばれる ~라고 불리다, ~라고 불려지다

“참으로 불쌍하구나. 자, 어서 강물이 바다로 흘러 들어오고 있는 곳에 가서 담수로 몸을 깨끗하게 씻어내거라. 그러고 나서, 주변에 자라 있는 향포 꽃의 노란 꽃가루를 모아 와서 그것을 땅에 흩뿌리고 그 위를 데굴데굴 굴러 보거라. 몸의 상처가 틀림없이 원래대로 나을 테니까!”

토끼는 배운 대로 해 보았습니다. 그랬더니 털가죽이 있는 깨끗한 몸이 되었습니다.

이것이 이나바의 흰 토끼로, 지금도 토끼신이라고 불려지고 있습니다.

七、オオクニヌシとスサノオのみこと

八十人の兄弟の一行は、旅を続けてヤカミひめのいる所に着きました。しかし、かわりばんこに申しこんでも、ひめは誰にもうんと言いません。

「私は、あなたたちなんかきらいです。私は、オオクニヌシの神の所に、お嫁にいくつもりです[43]。」

と、答えるばかりです[44]。

- 続(つづ)ける 계속하다
- かわりばんこに 번갈아, 교대로 =交代(こうたい) 교대
- 申(もう)しこむ 신청하다
- 誰(だれ)にも 누구에게도
- うんと言(い)わない 응하지 않다, 찬성하지 않다
- ～なんか ~따위
- きらいだ(嫌いだ) 싫다
- お嫁(よめ)にいく 시집을 가다

80명의 형제 신 일행은 여행을 계속해 야카미히메가 있는 곳에 도착했습니다. 그러나 번갈아 가며 신청해도 야카미히메는 누구에게도 응하지 않습니다.

"저는 당신들 같은 사람은 싫습니다. 저는 오오쿠니누시 신에게 시집갈 생각입니다."

라고 대답할 뿐입니다.

43 ～つもりだ ～(할) 생각이다, ～(할) 작정이다 [동사 기본형+つもりだ]

어떤 일에 대한 의지나 의도를 나타낸다.

これからは友(とも)だちと仲良(なかよ)くするつもりだ。
앞으로는 친구와 사이좋게 지낼 생각이다.

44 ～ばかりだ ～(할) 뿐이다 [동사 기본형+ばかりだ]

앞에 서술한 행동 이외에 다른 것은 하지 않고 있음을 나타낸다.

何(なん)にもしないで、窓(まど)の外(そと)を見(み)るばかりです。
아무것도 하지 않고 창문 밖을 볼 뿐입니다.

さあこれを聞いて、兄弟の神々はたいそう怒(おこ)りました。そしてじゃま者(もの)のオオクニヌシを殺(ころ)してしまうはかりごとを立(た)てました。

オオクニヌシは二度(にど)にわたって 45 殺(ころ)されようとしましたが、そのたびに、オオクニヌシのお母(かあ)さんがオオクニヌシのみことを救(すく)いました。

- たいそう 매우, 몹시, 무척
- じゃま者(もの) 방해꾼, 거추장스러운 사람
- はかりごとを立(た)てる 계략을 꾸미다
- ～度(ど) ~번 〈숫자에 붙어 횟수를 나타냄〉
- そのたびに 그때마다
- 救(すく)う 구하다

자, 이 말을 들은 형제 신들은 몹시 화가 났습니다. 그래서 방해자인 오오쿠니누시를 죽여 버릴 계략을 꾸몄습니다.

오오쿠니누시는 두 번에 걸쳐 죽음을 당할 뻔했지만, 그때마다 오오쿠니누시의 어머니가 그의 목숨을 구했습니다.

45 ～にわたって ～에 걸쳐서 [명사+にわたって]

시간 · 공간 · 장소를 나타내는 말에 붙어 그 범위의 넓은 정도를 나타낸다.

三日(みっか)にわたって試験(しけん)を受(う)けました。
3일에 걸쳐서 시험을 쳤습니다.

そこでお母さんは、オオクニヌシに向かって、

「お前は兄弟の神々から、ひどくにくまれているから、いつまでもこの国にいたら、しまいにはきっと本当に殺されてしまうでしょう。だから、いっそ思い切って*、遠いよみの国へ出かけていったらどうでしょう。その国には、お前の祖先のスサノオのみことがいらっしゃるのですから、きっと何かよいはかりごとを、めぐらしてくださるでしょう。」

と言いつけました。

- にくまれる(憎まれる) 미움받다 〈にくむ(미워하다)의 수동형〉
- 本当(ほんとう)に 정말로
- だから 그러니까
- いっそ 차라리
- 祖先(そせん) 조상, 선조
- いらっしゃる　오시다, 가시다, 계시다 〈来る·行く·いる의 존경어〉
- 何(なに)か 뭔가
- よい 좋다 =いい
- めぐらす 이리저리 두루 생각하다, 궁리하다, 짜내다
- 言(い)いつける　늘 말해 오다, 늘 말해 버릇하다, 명령하다, 지시하다

그래서 어머니는 오오쿠니누시를 향하여,

"너는 형제 신들에서 심하게 미움을 받고 있으니 계속 이 나라에 있으면 결국에는 틀림없이 정말로 죽음을 당하게 될 거야. 그러니 차라리 마음을 굳게 먹고 먼 황천으로 떠나면 어떻겠느냐? 그 나라에는 너의 조상인 스사노오노미코토가 계시니까 분명 뭔가 좋은 계책을 생각해 주실거야."

라고 말했습니다.

★ 思い切って

하기 어려운 일에 대해 결의를 굳히는 모습으로 '과감하게, 큰맘 먹고'란 뜻이다. 혼동하기 쉬운 표현인 思(おも)い切(き)り는 '마음껏, 실컷'이란 뜻으로 쓰인다.

思(おも)い切(き)って捨(す)てた。 과감히 버렸다.

思(おも)い切(き)り遊(あそ)びたい。 마음껏 놀고 싶다.

こうして、オオクニヌシはお母さんに別(わか)れを告(つ)げて、地(ち)の底(そこ)にあるよみの国(くに)まで、一人、はるばると旅立(たびだ)ちました。

オオクニヌシはついに、スサノオのみことの宮殿(きゅうでん)に到着(とうちゃく)しましたが、オオクニヌシの声(こえ)を聞いて、宮殿の入(い)り口(ぐち)に現(あらわ)れたのは、スサノオの娘(むすめ)である、スセリひめです。若(わか)い二人は、顔(かお)を合(あ)わせるなり[46]、まだ言葉(ことば)もかけないうちから、もうおたがい好(す)きになってしまいました。そこでひめは宮殿の中へ戻(もど)って、

「お父様(とうさま)、とてもりっぱな神(かみ)がおいでになりました。」と告げました。

- 別(わか)れ 이별
- 告(つ)げる 고하다
- 底(そこ) 밑, 아래
- はるばると 멀리 떨어져 있는 모습, 먼곳으로 시간을 들여 이동하는 모습
- 旅立(たびだ)つ 여행을 떠나다
- 到着(とうちゃく)する 도착하다
- 声(こえ) (사람의) 목소리
- 顔(かお)を合(あ)わせる 얼굴을 마주하다
- 言葉(ことば) 말, 대화 〈言葉をかける 말을 걸다〉
- おたがい(お互い) 서로
- お父様(とうさま) 아버님 〈おとうさん보다 공손한 말투 | お母様(かあさま) 어머님〉

이렇게 해서 오오쿠니누시는 어머니에게 이별을 고하고, 땅 밑에 있는 황천까지 혼자서 멀고 먼 길을 떠났습니다.

오오쿠니누시는 마침내 스사노오노미코토의 궁전에 도착했는데, 오오쿠니누시의 목소리를 듣고 궁전 입구에 나타난 것은 스사노오의 딸인 스세리히메입니다. 젊은 두 사람은 얼굴을 보자마자 아직 말도 걸기 전에 이미 서로 좋아하게 되었습니다. 그래서, 스세리히메는 궁전 안으로 돌아와서,

"아버님, 아주 멋진 신이 오셨어요."

라고 고했습니다.

46 ~なり ~(하)자마자 [동사 기본형+なり]

앞의 동작을 한 직후 바로 이어 예상하지 못한 어떤 일이 일어난 경우에 쓴다.

薬(くすり)を飲(の)むなり、寝(ね)むくなりました。

약을 먹자마자 졸음이 왔습니다.

スサノオは、誰が来たのだろうとあやしんで、外まで見にきましたが、「これはオオクニヌシだ」とすぐに見抜きました。この神が自分よりも若くて、りっぱで、娘まで好きになったらしい[47]と知って、負けずぎらいのスサノオは内心おだやかでありません。

そこでオオクニヌシを宮殿へと呼び入れはしましたが、案内させたのは、たくさんのヘビがいる、気味の悪い部屋でした。

- **あやしむ** 의심하다, 수상하게 생각하다
- **見抜(みぬ)く** 알아채다, 간파하다
- **負(ま)けずぎらい** 지기 싫어하는 성격 또는 그런 사람
- **内心(ないしん)** 내심, 마음속
- **おだやかだ** 온화하다, 평온하다
- **呼(よ)び入(い)れ** 불러들임 〈呼び入れる(불러들이다)의 명사형〉
- **案内(あんない)させる** 안내시키다 〈案内する(안내하다)의 사역형〉
- **ヘビ** 뱀
- **気味(きみ)** 기분, 느낌 〈気味が悪(わる)い 으스스하다, 느낌이 안 좋다〉
- **部屋(へや)** 방

스사노오는 누가 왔을까 하고 의아해하며 바깥까지 보러 왔는데, '이건 오오쿠니누시다'라고 금새 알아챘습니다. 이 신이 자기보다도 젊고 훌륭하여 딸마저도 좋아하게 된 듯함을 알고, 지기 싫어하는 성격인 스사노오는 마음 속이 편안하지 않습니다.

그래서 오오쿠니누시를 궁전으로 불러들이기는 했습니다만, 안내하도록 한 곳은 수많은 뱀이 있는 으스스한 방이었습니다.

47 ～らしい ～(인) 것 같다, ～(한) 것 같다, ～듯하다

[동사 · い형용사 · な형용사 · 명사 보통형+らしい]

눈으로 보이는 모습이나 상황 또는 남으로부터 얻은 정보를 근거로 하여 주관적으로 추측하여 판단할 때 쓰는 표현이다.

吉田(よしだ)さんはどうやら疲(つか)れたらしいです。
요시다 씨는 아무래도 피곤한 것 같습니다.

スセリひめは、このままではお客(きゃく)さまの命(いのち)が危(あぶ)ないので、それまで自分の肩(かた)にかけていた、魔法(まほう)のきれを渡(わた)して、

「ヘビが食(く)いつこうとしたら、このきれを三度(さんど)振(ふ)ってください。そうすればきっと大丈夫(だいじょうぶ)です。」

と、教えました。

その部屋の中には、大きなのや、小さなのや、数(かぞ)えきれないくらいのヘビがいましたが、オオクニヌシが三度きれを振ると、どのヘビもおとなしくなりました。それでオオクニヌシは安心(あんしん)して、ゆっくり旅(たび)の疲(つか)れを休(やす)めることができました。

- このまま 이대로
- お客(きゃく)さま 손님 〈お客さん의 존경어〉
- 命(いのち) 목숨, 생명
- 危(あぶ)ない 위험하다, 위태롭다
- 肩(かた)にかける 어깨에 걸치다
- 魔法(まほう) 마법
- きれ 조각, 토막, 자투리
- 食(く)いつく 달려들어 물다
- 振(ふ)る 흔들다
- 大丈夫(だいじょうぶ)だ 괜찮다
- 数(かぞ)えきれない 다 셀 수 없다, 헤아릴 수 없을 만큼 많다
- ~くらい ~만큼, ~정도, ~가량
- 安心(あんしん)する 안심하다
- ゆっくり 천천히, 느긋하게, 여유롭게
- 旅(たび)の疲(つか)れ 여독, 여행 피로
- 休(やす)める 쉴 수 있다 〈休む(쉬다, 자다)의 가능형〉

스세리히메는 그대로 두면 손님의 목숨이 위험하므로 지금까지 자기 어깨에 걸고 있던 마법 조각을 건네주며,

"뱀이 달려들어 물려고 하면 이 조각을 세 번 흔드세요. 그렇게 하면 틀림없이 괜찮을 거예요."

라고 알려주었습니다.

그 방 안에는 큰 뱀이랑 작은 뱀이랑 셀 수 없을 정도로 많은 뱀이 있었는데, 오오쿠니누시가 세 번 조각을 흔들자 모든 뱀이 온순해졌습니다. 그래서 오오쿠니누시는 안심하고 느긋하게 여행으로 쌓인 피로를 풀 수가 있었습니다.

あくる日、オオクニヌシが涼しい顔をして、ヘビの部屋から出てきましたので、スサノオはびっくりしました。それで、その晩は、ムカデとハチの住む部屋に、オオクニヌシを案内させました。しかし、スセリひめが、また魔法のきれをくれましたから、その晩もゆっくりねむることができました。

- あくる日(ひ) 다음 날
- 涼(すず)しい顔(かお)をする 시치미를 떼다, 모르는 척하다
- その晩(ばん) 그날 밤
- ムカデ 지네
- ハチ 벌 〈곤충〉
- しかし 그러나

다음 날 오오쿠니누시가 시치미를 떼고 뱀이 있던 방에서 나왔기 때문에 스사노오는 깜짝 놀랐습니다. 그래서 그날 밤은 지네와 벌이 사는 방으로 오오쿠니누시를 안내시키도록 했습니다. 그러나 스세리히메가 또다시 마법 조각을 주었기 때문에 그날 밤도 푹 잠들 수가 있었습니다.

次の日になると、スサノオは、オオクニヌシを広い原っぱへ連れていきました。そして、音を立てて空を飛ぶ矢を一本抜きとると、弓につがえて、大空に向かって放ちました。矢はうなり声を立てて、野原の遠くの方に、消えていきました。そこで、スサノオは今の矢を取ってくるようにと、オオクニヌシに命じました。

- 次(つぎ)の日(ひ) 다음 날
- 広(ひろ)い 넓다 ↔ 狭(せま)い 좁다
- 原(はら)っぱ 들판
- 声(こえ)を立(た)てる 소리를 내다
- 空(そら)を飛(と)ぶ 하늘을 날다
- 矢(や) 화살
- 抜(ぬ)きとる 뽑아들다
- 弓(ゆみ) 활
- つがえる 꽂다
- 大空(おおぞら) (넓은) 하늘 〈青空(あおぞら) 창공〉
- 放(はな)つ 쏘다, 발사하다, 풀어주다
- うなり声(ごえ) 윙윙거리는 소리
- 野原(のはら) 들판
- 遠(とお)く 먼곳 ↔ 近(ちか)く 근처, 근방
- 消(き)える 사라지다

다음 날이 되자, 스사노오는 오오쿠니누시를 넓은 들판으로 데리고 갔습니다. 그리고 소리를 내면서 하늘을 날아가는 화살을 한 개 뽑더니 활에 꽂아 넓은 하늘을 향해 쏘았습니다. 화살은 윙윙 소리를 내며 들판 멀리 사라져 갔습니다. 그리고 스사노오는 지금 쏜 화살을 찾아오라고 오오쿠니누시에게 명령했습니다.

それは草ぼうぼうの原っぱです。小さな矢がどこに落ちたのか、見当もつきません。いっしょうけんめい探し回っている間に[48]、その周りに、いつのまにか、スサノオが火を付けてしまいました。火はみるみるうちに燃え広がり、オオクニヌシの方へと次第に近づいてきます。

- □ 草(くさ)ぼうぼう 풀이 무성하게 자람
- □ 落(お)ちる 떨어지다
- □ 見当(けんとう) 짐작, 예상, 추측 〈見当がつく 짐작이 가다〉
- □ いっしょうけんめい(一生懸命) 열심히
- □ 探(さが)し回(まわ)る 찾아다니다, 찾으러 돌아다니다
- □ いつのまにか 어느새
- □ 火(ひ)を付(つ)ける 불을 붙이다
- □ みるみるうちに 순식간에
- □ 燃(も)え広(ひろ)がる 불타며 번지다, 타는 면적이 넓어지다
- □ 次第(しだい)に 점차, 차츰, 서서히

그곳은 풀이 무성하게 자란 들판입니다. 작은 화살이 어디에 떨어졌는지 짐작도 가지 않습니다. 열심히 찾아다니고 있는 동안에, 그 주위에 어느새 스사노오가 불을 붙여 버렸습니다. 불은 순식간에 넓게 번져 오오쿠니누시 쪽으로 점점 다가옵니다.

---

48 ～間に ～사이에, ～중에

[동사 기본형·ている형, い형용사 기본형, な형용사な, 명사の+間に]

어떤 일이나 동작이 계속되고 있는 기간을 나타내는데, 뒤에는 그 기간 중에 일어난 다른 사건이나 행동을 나타내는 문장이 온다.

私が眠(ねむ)っている間(あいだ)に雨(あめ)はやんでいた。
내가 자고 있는 사이에 비는 그쳐 있었다.

逃げようと思っても、どっちの方も、風にたなびく黒い煙と、赤い舌を出した炎ばかりです。さあ大変、いよいよ焼き殺される、と思っているところに、ネズミが一ぴき、ちょろちょろとすぐ足元に来て、歌うように、

「中は洞穴、がらんどう、入り口狭くて、大丈夫。」

と、教えました。

- □ たなびく (구름, 안개 등이) 가로로 기다랗게 끼다, 깔리다
- □ 煙(けむり) 연기
- □ 舌(した)を出(だ)す 혀를 내밀다
- □ 炎(ほのお) 불길, 화염
- □ 大変(たいへん) 큰일, 큰 사건
- □ いよいよ 드디어, 마침내
- □ 焼(や)き殺(ころ)される 불에 타죽다 〈焼き殺す(불태워 죽이다)의 수동형〉
- □ ネズミ 쥐
- □ ちょろちょろと (작은 것이 빠르게) 조르르, (물이) 졸졸
- □ すぐ 곧, 금방
- □ 足元(あしもと) 발밑
- □ 洞穴(ほらあな) 동굴
- □ がらんどう 안이 텅 비어 있음

도망가려고 해도 어느 쪽이나 바람에 길게 깔리는 검은 연기와 붉은 혀를 내민 화염뿐입니다. '아, 큰일났구나, 드디어 불에 타 죽는구나'라고 생각하고 있는 참에 쥐가 한 마리 조르르 금방 발밑으로 와 노래를 부르듯이,

"안은 동굴, 텅 비어 있네, 입구가 좁아서 괜찮아."
라고 알려주었습니다.

そこで、足の下をどんとふんでみますと、オオクニヌシの足はすっぽりと地面(じめん)の中にめりこんでしまったのです。そこはなるほど、がらんどうの洞穴(ほらあな)になっています。ちょうど体がかくれるくらいの大(おお)きさです。オオクニヌシがそこに入りこんでいる間に、火は狭い入り口の外を通(とお)って、過(す)ぎていきました。そこへさっきのネズミが、矢(や)を口(くち)にくわえて持(も)ってきました。

そのあいだにスセリひめは、遠くの方から、野原(のはら)がすっかり火に包(つつ)まれたのを見て、あのりっぱな神も、意地悪(いじわる)なお父様(とうさま)のために焼(や)き殺(ころ)されておしまいになった、と考えました。

- どんと 무거운 물건이 아래로 떨어질 때 나는 소리, 쿵
- すっぽりと 푹 뒤집어 쓰거나 쉽게 빠지거나 하는 모양, 푹, 쑥, 쏙
- めりこむ 빠지다, 함몰하다, 꺼지다
- ちょうど 마침, 딱
- 大(おお)きさ 크기
- 入(はい)りこむ 안으로 들어오(가)다, 깊숙이 들어가다
- 通(とお)る 통과하다
- 過(す)ぎる 지나가다, 지나치다
- さっき 조금 전, 아까
- くわえる (입에) 물다
- 包(つつ)まれる 휩싸이다 〈包(つつ)む(싸다, 둘러싸다)의 수동형〉

그래서 발밑을 쿵 하고 밟아 보았더니 오오쿠니누시의 다리가 쑥 땅속으로 빠져 버리고 만 것입니다. 거기는 정말 텅 빈 동굴이었습니다. 딱 몸이 가려질 정도의 크기입니다. 오오쿠니누시가 동굴에 들어가 있는 동안에 불은 좁은 입구 바깥을 통과하며 지나갔습니다. 그때 조금 전의 쥐가 화살을 입에 물어 가져왔습니다.

그사이에 스세리히메는 먼곳에서 들판이 완전히 불에 휩싸인 것을 보고, 그 멋진 신도 심술궂은 아버지 때문에 불에 타 죽어 버리고 말았다고 생각했습니다.

　そして泣(な)く泣く、お葬式(そうしき)の支度(したく)をして、原(はら)っぱへ出てきました。スサノオも、今度(こんど)という今度は、あの若(わか)い神も私にはかなわなかっただろう、と考えながら、様子(ようす)を見にきました。

　するとどうでしょう。火のぶすぶすいっている焼(や)け跡(あと)から、手にはさっきの矢を持って、オオクニヌシがニコニコ*しながら現(あらわ)れたではありませんか。

- 泣(な)く泣(な)く　울며불며
- お葬式(そうしき)　장례식 〈お는 미화어〉
- 支度(したく)をする　준비를 하다
- 今度(こんど)という今度(こんど)は　이번에야말로
- ~にはかなわない　~에는 못 당하다, ~에는 적수가 되지 못하다
- ぶすぶすいう　불꽃은 나지 않고 연기만 내면서 타는 모양이나 소리, 부지직, 부지지
- 焼(や)け跡(あと)　불탄 자리
- ニコニコ　생글생글, 싱글벙글

그리고 울며불며 장례식 준비를 하여 들판으로 나왔습니다. 스사노오도 이번에야말로 저 젊은 신도 나에게는 당할 수 없었겠지라고 생각하면서 상황을 보러 왔습니다.

그러자 어떻게 됐을까요? 불이 부지직 소리를 내고 있는 불탄 자리에서 손에는 조금 전의 화살을 든 오오쿠니누시가 싱글벙글 웃으면서 나타난 것이 아니겠습니까?

*** 사람의 웃음소리**

けらけら 깔깔 (큰소리로 신이 나서 웃는 소리)

げらげら 껄껄 (주로 남자들이 호탕하게 웃는 소리)

くすくす 킥킥 (소리를 내지 않고 조용히 웃는 소리)

　スサノオはびっくりしましたが、それでも、スサノオは負けずぎらいです。今度はオオクニヌシを、宮殿の中の大広間に連れていき、自分の頭に巣を作っているシラミを取るように、命じました。ところがかみの毛の中を調べてみると、なんとそこはムカデの巣なのです。その時、スセリひめがこっそり、ムクの木の実と、赤土とを渡してくれました。そこでオオクニヌシは木の実を口でかんでは、そこに赤土を少しずつ混ぜ、一緒にぺっぺっとつばにしてはき捨てました。

- それでも 그럼에도 불구하고, 그래도, 그렇지만
- 大広間(おおひろま) 큰방, 큰 홀
- 巣(す) 둥지 〈巣立(すだ)つ 둥지를 뜨다〉
- シラミ 이 〈머리카락에 기생하는 벌레〉
- かみ(髪)の毛(け) 머리카락
- ムクの木(き) 푸조나무 〈수액에 독 성분이 있음〉

- 実(み) 나무 열매 〈実(みの)る 열매 맺다〉
- 赤土(あかつち) 적토
- かむ 씹다
- 少(すこ)しずつ 조금씩
- 混(ま)ぜる 섞다
- 一緒(いっしょ)に 함께, 같이
- ぺっぺっと 입 밖으로 침을 뱉는 소리, 퉤퉤
- つば(唾) 침
- はき捨(す)てる 뱉어 버리다

스사노오는 깜짝 놀랐습니다만 그렇지만 스사노오는 지기 싫어하는 성격입니다. 이번에는 오오쿠니누시를 궁전 안의 큰 방으로 데려가서 자기 머리에 둥지를 틀고 있는 이를 잡도록 명했습니다. 그런데 머리카락 속을 살펴보니 이런 거기는 지네의 둥지인 것입니다. 그때 스세리히메가 몰래 푸조나무 열매와 적토를 건네주었습니다. 그래서 오오쿠니누시는 그 열매를 입으로 씹은 후 그것에 적토를 조금씩 섞어 함께 퉤퉤 하고 침으로 뱉어 버렸습니다.

それをスサノオは、てっきりムカデをかんではき捨てているのだとかんちがいして、心の中で、見どころのあるかわいいやつだ、と考えるようになりました[49]。そのうちにいつしか、いい気持ちになってねむってしまいました。

利口なオオクニヌシは、この機会をのがしませんでした。ねむっているスサノオの長いかみの毛を、いくすじにも分けて束ね、それを大広間の天井の横木に、しっかりとくくりつけました。

- てっきり 틀림없이, 영락없이, 의심 없이
- かんちがいする(勘違いする) 착각하다
- 見(み)どころ 장래성
- かわいい 귀엽다, 사랑스럽다
- いつしか 어느덧, 어느새
- 気持(きも)ち 기분, 마음
- 利口(りこう)だ 영리하다
- 機会(きかい) 기회
- のがす(逃がす) 놓치다
- いくすじ 여러 가닥 〈すじ 가늘고 긴 것을 세는 말, 가닥, 줄기〉
- 分(わ)ける 나누다, 가르다
- 天井(てんじょう) 천장
- 横木(よこぎ) 가로대
- しっかりと 단단히, 꽉
- くくりつける 동여매다, 묶다

그것을 스사노오는 영락없이 지네를 씹어서 뱉어 버리고 있는 것이라고 착각하여 마음 속으로 장래성이 있는 사랑스러운 녀석이란 생각을 하게 되었습니다. 곧 어느덧 기분이 좋아져서 잠들어 버렸습니다.

영리한 오오쿠니누시는 이 기회를 놓치지 않았습니다. 잠들어 있는 스사노오의 긴 머리가락을 여러 가닥으로 나누어 묶어 그것을 큰 방의 천장 가로대에 단단히 동여맸습니다.

49 ~(よ)うになる ~하게 되다 [동사 기본형 · 부정형+(よ)うになる]

불가능한 상태에서 가능한 상태로, 또는 실행되지 못한 상태에서 실행 가능한 상태로 변화하는 것을 나타낸다.

1年(いちねん)日本語(にほんご)を勉強(べんきょう)して、少(すこ)し話(はな)せるようになりました。 1년 일본어를 공부해서 조금 말할 수 있게 되었습니다.

そのうえで、五百人もの人がやっと動かせるくらいの大きな岩を、広間の前まで引きずってきて、入り口をふさいでしまいました。そして、スセリひめを背中におぶい、スサノオの大事な宝物である太刀と、弓矢と、琴とを手に持って、一目散に宮殿から逃げ出しました。

けれども気が急いていて、ついあわてたためでしょう。手にした琴が木にぶつかって、ものすごい大きな音を立て、そのために地面が地震のようにゆれました。

- そのうえで 그러고 나서
- ～もの ~나 되는
- やっと 겨우, 간신히
- 動(うご)かせる 움직일 수 있다 〈動く(움직이다)의 가능형〉
- 引(ひ)きずる 끌다
- おぶう (등에) 업다
- 大事(だいじ)だ 소중하다, 중요하다
- 宝物(たからもの) 보물
- 太刀(たち) 큰 칼
- 弓矢(ゆみや) 궁시, 활과 화살
- 琴(こと) 거문고, 현악기의 총칭
- 一目散(いちもくさん)に 쏜살같이
- 気(き)が急(せ)く 안달이 나다, 조바심나다, 초조해 하다
- あわてる(慌てる) 당황하다
- ぶつかる 부딪히다
- 地震(じしん) 지진
- ゆれる(揺れる) 흔들리다

그러고 나서 오백 명이나 되는 사람이 겨우 움직일 수 있을 정도로 커다란 바위를 방 앞까지 끌고 와서 입구를 막아 버렸습니다. 그리고 스세리히메를 등에 업고 스사노오의 소중한 보물인 큰 칼과 활과 화살과 거문고를 손에 들고 쏜살같이 궁전에서 도망쳐 나왔습니다.

그러나 마음이 조급해져 그만 허둥댔기 때문이겠지요. 손에 든 거문고가 나무에 부딪쳐서 굉장히 큰 소리를 내 그 때문에 땅이 지진이 난 것처럼 흔들렸습니다.

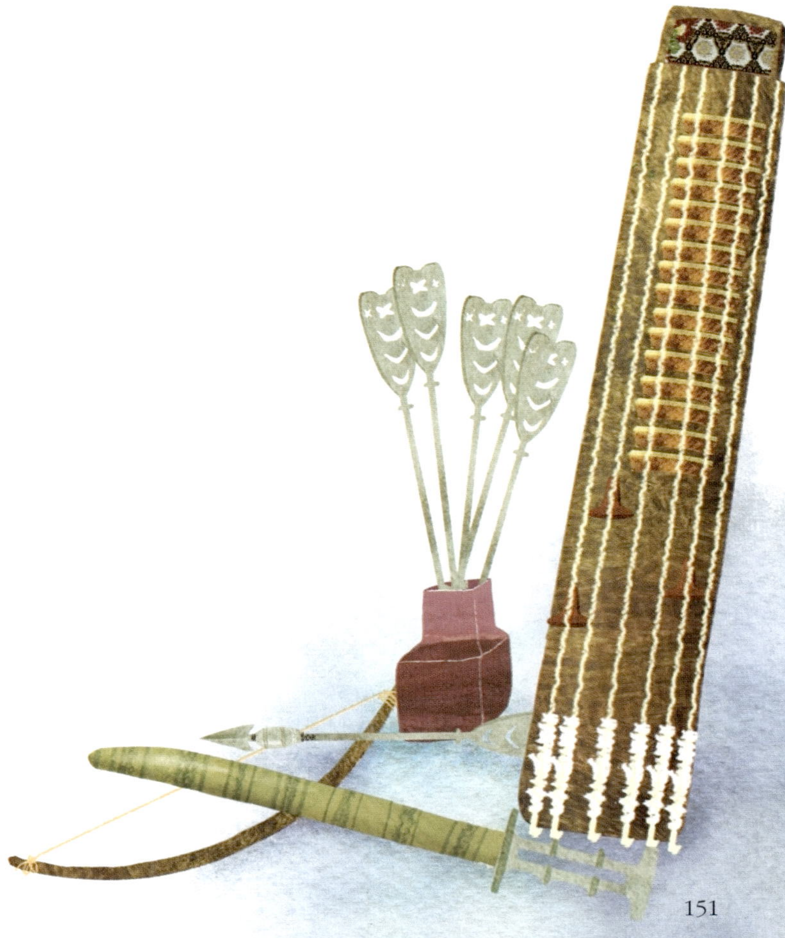

それまでぐっすりねむっていたスサノオは、このひびきにあっと驚(おどろ)いて起(お)き上(あ)がり、その勢(いきお)いで、大広間を引(ひ)き倒(たお)しました。しかし、かみの毛がていねいに天井(てんじょう)の横木(よこぎ)にくくりつけてある[50]のですから、すぐに追(お)いかけるわけにはいきません[51]。いちいちかみの毛をほどいているうちに、二人は遠くまで走(はし)っていきました。

- それまで 그때까지
- ぐっすり 깊이 잠든 모양, 푹
- ひびき(響き) 울림, 진동
- あっと 깜짝 놀랐을 때 나오는 소리, 앗
- 起(お)き上(あ)がる 일어나다
- 勢(いきお)い 기세, 기운, 여세, 패기
- 引(ひ)き倒(たお)す 끌어 무너뜨리다
- ていねいに(丁寧に) 꼼꼼하게, 정성스럽게
- 追(お)いかける 뒤쫓아가다
- いちいち 일일이, 하나하나
- ほどく 풀다
- 走(はし)る 달리다

그때까지 푹 잠들어 있던 스사노오는 이 진동에 앗 하고 깜짝 놀라 일어나, 그 기세로 큰 방을 끌어 무너뜨렸습니다. 그러나 머리카락이 단단하게 천장 가로대에 동여매여 있어서 곧장 뒤쫓을 수는 없습니다. 하나하나 머리카락을 풀고 있는 사이에 두 사람은 먼곳까지 달려갔습니다.

50 ~てある ~(해)져 있다 [타동사 て형+ある]

누군가의 의지에 따라 행해진 동작이 완료된 상태를 나타낸다.

机(つくえ)の上(うえ)に花(はな)がかざってあります。
책상 위에 꽃이 장식되어 있습니다.

51 ~わけにはいかない ~(할) 수는 없다 [동사 기본형+わけにはいかない]

일반적인 상식이나 사회 통념상 또는 과거의 경험을 통해 판단했을 때 불가능함, 해서는 안 되는 것임을 나타낼 때 쓰는 표현이다.

今(いま)さら、約束(やくそく)を取(と)り消(け)すわけにはいかない。
이제 와서 약속을 취소할 수는 없다.

やっとのことでスサノオは、風のように二人の後から走り出しました。そして、走りに走って*、とうとうよみの国とこの世(よ)との境(さかい)にある坂(さか)までやって来ましたが、さすがのスサノオも、これ以上(いじょう)は来(こ)られないのです。そこで坂の上から、遠くを逃げていくオオクニヌシに向(む)かって、こうさけびました。

- ～後(あと)から ~뒤에서, ~뒤로
- 走(はし)り出(だ)す 달려나가다, 달리기 시작하다
- 走(はし)りに走(はし)って 달리고 달려서
- さすが 과연, 그토록, 대단한
- これ以上(いじょう) 더 이상
- 来(こ)られない 올 수 없다 〈来(く)る(오다)의 가능형인 来(こ)られる(올 수 있다)의 부정형〉
- 坂(さか) 언덕

가까스로 스사노오는 바람과 같이 두 사람의 뒤를 쫓아 달리기 시작했습니다. 그리고 달리고 달려 드디어 황천과 이 세상과의 경계에 있는 언덕에까지 왔습니다만, 그 대단한 스사노오도 이 이상은 올 수 없는 것입니다. 그래서 언덕 위에서 멀리 도망가는 오오쿠니누시를 향해 이렇게 외쳤습니다.

* **走りに走って**

같은 동사 사이에 に를 넣어 정도가 심함을 나타내어 그 동사의 뜻을 강조한다.

待(ま)ちに待った温泉旅行(おんせんりょこう)。 기다리고 기다리던 온천여행.

「お前が手にしている太刀(たち)と弓矢(ゆみや)とで、お前をいじめた兄弟の神々を、山の果(は)てまで追(お)い払(はら)え、川の中へ追(お)い落(お)とせ。そして、お前は、出雲(いずも)の国を治(おさ)めるがよい*。お前がおぶっている私の娘(むすめ)は、お前の嫁(よめ)にくれてやるから、お后(きさき)にするがよい。大きな宮殿を作り、スセリひめと一緒(いっしょ)に、末永(すえなが)く幸(しあわ)せに暮(く)らすがよい。分かったな、オオクニヌシよ！」

こう言って、男(おとこ)らしく[52]、からからと笑(わら)いました。

- ～の果(は)て　~끝
- 追(お)い払(はら)え　쫓아내거라 〈追い払う(쫓아내다)의 명령형〉
- 追(お)い落(お)とす　쫓아가 아래로 떨어뜨리다, 윗사람의 지위를 빼앗아 내쫓다
- お后(きさき)　황후
- 末永(すえなが)く　영원히, 언제까지나, 앞으로 오래도록
- ～よ　~이여, ~야 〈부름을 나타냄 | 友(とも)よ 친구여〉
- からから(と)　남자가 기분 좋게 큰소리로 웃는 모양, 껄껄

"네가 손에 들고 있는 큰 칼과 활과 화살로 너를 괴롭힌 형제 신들을 산 끝까지 쫓아내거라, 강 속으로 쫓아 떨어뜨리거라. 그리고 너는 이즈모국을 다스리거라. 네가 업은 내 딸은 너에게 시집 보낼 터이니 왕후로 삼거라. 커다란 궁전을 짓고 스세리히메와 함께 영원히 행복하게 살거라. 알았느냐? 오오쿠니누시야!"

이렇게 말하며 남자답게 껄껄 웃었습니다.

---

52 ~らしい ~답다 [명사+らしい]

모습이나 상태가 그것에 매우 어울리거나 걸맞음을 나타낸다.

学生(がくせい)らしい服装(ふくそう)をしなさい。 학생다운 복장을 하세요.

*** ~がよい ~해라, ~하거라**

고풍스러운 표현으로, 동사의 기본형 뒤에 연결되며, 주로 손아랫사람에게 쓴다. 나쁜 일이 일어나기를 바라는 비난 · 저주 같은 마음을 나타낼 때도 쓴다.

オオクニヌシは、出雲の国へ帰ると、スサノオに言われた通(とお)りに、太刀と弓矢とを持って、八十人もの兄弟の神々を、山の果てまで追い払い、川の中へと追い落として、とうとう、はむかう者(もの)もなくなるまでになりました。

ヤカミひめは、いなばの国から出雲の国へやって来て、めでたくオオクニヌシと結婚式(けっこんしき)をあげました。

- はむかう 맞서다, 대들다, 덤벼들다
- 者(もの) 놈, 자
- なくなる 없어지다
- 結婚式(けっこんしき)をあげる 결혼식을 올리다

오오쿠니누시는 이즈모국으로 돌아오자 스사노오가 말한 대로 큰 칼과 활과 화살을 갖고 80명이나 되는 형제 신들을 산 끝까지 쫓아내 버리고 강 속으로 쫓아 떨어뜨려서 드디어 맞서는 자도 없을 정도가 되었습니다.

야카미히메는 이나바국에서 이즈모국으로 찾아와 경사스럽게 오오쿠니누시와 결혼식을 올렸습니다.

しかし、オオクニヌシは、スサノオの命令で、その娘のスセリひめをお后にしなければなりませんでした[53]。それに、スセリひめがいばっていたものですから、せっかく出雲へ来て結婚式をあげたものの[54]、ヤカミひめはまた故郷のいなばへ帰ってしまいました。

こうしてオオクニヌシは、出雲の国で、国を作る仕事を始め、イザナギとイザナミが作ったこの地上の世界を支配する最初の神となったのでした。

- **いばる** 뽐내다, 뻐기다, 잘난 체하다
- **故郷**(こきょう) 고향 ＝古里(ふるさと)
- **最初**(さいしょ) 최초, 처음

그러나 오오쿠니누시는 스사노오의 명령으로 그의 딸인 스세리히메를 왕후로 만들어야만 했습니다. 게다가 스세리히메가 이 사실을 자랑하고 다녔기 때문에 애써 이즈모국까지 와서 결혼식을 올리긴 했지만 야카미히메는 다시 고향인 이나바로 돌아갔습니다.

이렇게 해서 오오쿠니누시는 이즈모국에서 나라를 만드는 일을 시작하여 이자나기와 이자나미가 만든 이 지상 세계를 지배하는 최초의 신이 된 것입니다.

---

53 ～なければならない　～(하)지 않으면 안 된다, ～(해)야만 한다

[동사 ない형+なければならない]

반드시 해야 할 의무나 당연히 필요한 사항을 나타낼 때 쓴다.

卒業(そつぎょう)するためには卒業試験(そつぎょうしけん)に合格(ごうかく)しなければならない。 졸업하기 위해서는 졸업시험에 합격하지 않으면 안 된다.

54 ～ものの　～(이)지만

[동사·い형용사 보통형, な형용사な(である), 명사(である)+ものの]

역접 표현으로, 앞에 나온 내용과 대립되거나 모순된 관계임을 나타내는 문장이 뒤에 온다.

新(あたら)しいブーツを買(か)ったものの、はいたことがない。
새 부츠를 샀지만 신은 적이 없다.

☑ CHECK UP

지금까지 익힌 표현들을 모았습니다. 내용을 상기하면서 풀어보기 바랍니다.

1 다음 중 본문의 내용과 일치하면 ○표, 일치하지 않으면 ×표를 하세요.

❶ いなばの白うさぎは、サメをだまして、毛皮をはがれた。
( )

❷ オオクニヌシは、うさぎに、体を海の水で洗って、寝ていれば傷が治ると教えた。( )

❸ スサノオはオオクニヌシを親切にむかえた。( )

❹ オオクニヌシは、ヤカミひめとよみの国から逃げ出した。
( )

2 다음 ( )에서 알맞은 말을 골라 문장을 완성하세요.

보기	やる	ある	おく

❶ あした、ピクニックに行くので、今晩(こんばん)おべんとうを作(つく)って
( )。[ピクニック 소풍　おべんとう 도시락]
내일 소풍을 가서 오늘 밤 도시락을 만들어 두었다.

❷ 本に名前(なまえ)が書いて( )。
책에 이름이 적혀 있다.

❸ 弟(おとうと)に勉強を教えて( )。
남동생에게 공부를 가르쳐 주었다.

3 다음 문장을 우리말로 옮겨 보세요.

❶ 空がくもっている。雨がふりそうだ。[くもる 흐리다]

→ ________________

❷ 彼はとても男らしい。

→ ________________

❸ 私は夏休み(なつやす)に北海道(ほっかいどう)へ行くつもりだ。

→ ________________

❹ 今さら旅行(りょこう)をキャンセルするわけにはいかない。

[旅行 여행 キャンセルする 취소하다]

→ ________________

4 다음 문장을 [ ] 안의 말을 넣어 일본어로 옮겨 보세요.

❶ 산에 올라감에 따라 숨이 답답해졌습니다.

[登(のぼ)る、につれて、息(いき)が苦(くる)しい]

→ ________________

❷ 식기 전에 드십시오. [さめる、ないうちに]

→ ________________

❸ 대학교를 졸업했지만 일자리가 없습니다. [卒業(そつぎょう)する、ものの、就職(しゅうしょく)]

→ ________________

CHECK UP 해답

해답 및 번역도 함께 실었습니다.

世界の始まりと神々の誕生～アマテラスとスサノオ

1 ❶ × | 이자나미가 말을 걸어 결혼 의식을 행하자 여덟 개의 훌륭한 섬이 태어났다.

❷ ○ | 이자나기는 황천으로 이자나미를 만나러 갔지만, 그 추한 모습을 보고 도망쳤다.

❸ × | 아마테라스는 달의 여신이다.

❹ × | 스사노오의 검에서 남신이 태어났다.

2 ❶ にちがいない　❷ ことができる　❸ ことにした　❹ ようだ

3 ❶ 帰って | 매일 (집에) 돌아와서 1시간 공부합니다.

❷ 食べ | 아침에 늦잠을 자서 밥을 먹지 않고 학교에 갔습니다.

❸ 勉強しよう | 내일부터 열심히 공부하려고 생각합니다.

❹ 歩き | 걸으면서 담배를 피우면 안 됩니다.

4 ❶ 母の代わりに私が料理を作った。

❷ 先生の指示にしたがって勉強をした。

❸ 空がだんだん暗くなっていった。

❹ 時間に遅れないようにしてください。

天の岩屋～やまたのおろち

1 ❶ ○ | 스사노오가 난폭했기 때문에 아마테라스는 아메노이와야에 들어가 나오지 않게 되었다.

❷ × | 아메노우즈메의 춤을 보기 위해 아마테라스는 스스로 아메노이와야를 나왔다.

❸ ○ | 야마타노오로치는 술에 취해 스사노오에게 퇴치당했다.

❹ × | 야마타노오로치의 몸통에서 검이 나왔다.

2 ❶ ところだ　❷ に当たる　❸ もある　❹ わけだ

3 ❶ 先生のかばんをお持ちします。

| 선생님의 가방을 들어드리겠습니다.

❷ いろいろお教えくださってありがとうございます。
| 여러 가지 가르쳐 주셔서 감사합니다.

❸ 社長がビールをお飲みになりました。
| 사장님은 맥주를 드셨습니다.

4 ❶ くつをはいたまま、部屋に入ってはいけません。

❷ いくら勉強しても上手になりません。

❸ 韓国へ行くたびに、焼肉を食べます。

❹ 週末は、映画を見たり、本を読んだりします。

オオクニヌシといなばの白うさぎ~オオクニヌシとスサノオのみこと

1 ❶ ○ | 이나바의 흰 토끼는 상어를 속여 털가죽이 벗겨졌다.

❷ × | 오오쿠니누시는 토끼에게 몸을 바닷물로 씻고 누워 있으면 상처가 낫는다고 알려주었다.

❸ × | 스사노오는 오오쿠니누시를 친절하게 맞이했다.

❹ × | 오오쿠니누시는 야카미히메와 황천에서 도망쳤다.

2 ❶ おいた　❷ ある　❸ やった

3 ❶ 하늘이 흐려 있다. 비가 올 것 같다.

❷ 그는 매우 남자답다.

❸ 나는 여름방학 때 홋카이도에 갈 예정이다.

❹ 지금 와서 여행을 취소할 수는 없다.

4 ❶ 山に登るにつれて、息が苦しくなりました。

❷ さめないうちに、めしあがってください。

❸ 大学を卒業したものの、就職がありません。

다락원 일한 대역문고 – 초급9

일본신화
日本の神話

지은이 岡智之
펴낸이 정규도
펴낸곳 (주)다락원

초판 1쇄 발행 2007년 12월 26일
초판 5쇄 발행 2021년 3월 29일

책임편집 이경숙, 김윤희
교정 정선영
디자인 이수민
일러스트 최영주

경기도 파주시 문발로 211
Tel: (02)736-2031 Fax: (02)732-2037
(내용문의: 내선 460~465 / 구입문의: 내선 250~252)
출판등록 1977년 9월 16일 제406-2008-000007호

가격 **12,000원**(교재+오디오CD 1장)

ISBN 978-89-5995-356-1 18730 978-89-5995-296-0(set)